Was braucht ein zukunftsweisender ASD?

Impulse von Stefan Bestmann
und Delia Godehardt

Deutscher Verein
für öffentliche und
private Fürsorge e.V.

LAMBERTUS

Soziale Arbeit kontrovers (SAk) 24

Verlag des Deutschen Vereins
für öffentliche und private Fürsorge e.V.
Michaelkirchstraße 17/18, 10179 Berlin
www.deutscher-verein.de

Auslieferung über den Lambertus-Verlag:
www.lambertus.de

Druck:
Medienhaus Plump, 53619 Rheinbreitbach

Printed in Germany 2020
ISBN 978-3-7841-3269-3
ISBN E-Book 978-3-7841-3270-9

Veröffentlicht mit Förderung durch das Bundesministerium
für Familie, Senioren, Frauen und Jugend (BMFSFJ)

Die Reihe „Soziale Arbeit kontrovers"

Der Deutsche Verein für öffentliche und private Fürsorge e.V. und der Lambertus Verlag möchten mit dieser Schriftenreihe aktuelle Fragen der sozialen Arbeit aufgreifen und in knapper, handlicher Form Orientierungshilfen zur Verfügung stellen. Ausgehend von einer provokanten oder rhetorischen Fragestellung sollen vermeintliche Gewissheiten, Selbstverständlichkeiten oder Verallgemeinerungen kritisch überprüft werden. Ziel dieser Schriftenreihe soll es nicht sein, einfache Lösungen zu präsentieren, sondern die Komplexität der Themen vor dem Hintergrund der Entstehungs- und Rahmenbedingungen und der jeweiligen Einflussfaktoren darzustellen.

Die Herausgeber haben ein Format gewählt, das der Lesbarkeit und Übersichtlichkeit einen hohen Rang einräumt: Renommierte Autorinnen und Autoren legen ihre Forschungsergebnisse und Schlussfolgerungen knapp und ohne umfangreichen wissenschaftlichen Apparat dar. Dem Charakter der Reihe entspricht es, dass die unterbreiteten Ideen und Vorschläge nicht immer mit den Positionen der Herausgeber übereinstimmen. Unter www.deutscher-verein.de und www.caritas.de finden Sie jeweils die aktuellen sozialpolitischen Positionierungen des Deutschen Vereins und des Deutschen Caritasverbands (Gesellschafter des Lambertus-Verlags).

Wir hoffen, mit dieser Schriftenreihe den fachlichen Diskurs zu fördern und freuen uns auf Rückmeldungen der Leserschaft.

Michael Löher

Vorstand des Deutschen Vereins für öffentliche und private Fürsorge e.V.

Dr. Thomas Becker

Abteilungsleiter des Deutschen Caritasverbandes und Geschäftsführer des Lambertus-Verlages

Inhalt

Prolog aus dem Leben

Stellen Sie sich folgende Lebenssituation vor: Ein alleinerziehender Vater mit sieben Kindern – die Familie XY – lebt auf dem Lande. Da muss man sich wahrscheinlich ganz schön anstrengen, um den Lebensalltag halbwegs sortiert und gedeihlich in eine geordnete Reihe zu bekommen: die Kita, diverse Schulen, Freizeit, sofern möglich etwas Kultur, sportliche Aktivitäten, Gesundheit, Erwerbsarbeit, Wohnen, Haushalt, Versorgung und all das, was für gewöhnlich unseren Alltag, insbesondere bei Familien mit Kindern, auszeichnet. Es steht eine Menge an im Leben des Herrn XY, was sowohl bei ihm als auch bei seinen Kindern aufgrund der vielfältigen Herausforderungen zu verschiedenen Problemen führt.

Gleiche Familie, andere Perspektive: Eine fachlich versierte und engagierte Mitarbeiterin des örtlichen Jugendamtes hat aufgrund eines Personalwechsels eine sogenannte Fallakte übernommen – die von Familie XY. Die Sozialarbeiterin konzipiert für ihren Prozesseinstieg in dieses Familien- und Unterstützungssystem eine sogenannte Konferenz der Helfer/innen, auf der sich alle in der Familie aktuell tätigen Profis aus den Bereichen Soziale Arbeit, Gesundheit, Bildung und Erwerbsarbeit gemeinsam bei der Unterstützung für die Familie abstimmen sollen.

Sie kommt auf unglaubliche 26 (!) professionell tätig Helfende, die zeitgleich in dieser Familie in irgendeiner Weise wirksam sind. Hier arbeiten die verschiedensten Spezialisierungen der Kinder- und Jugendhilfe, physiologischer und psychologischer Therapien sowie der Medizin neben den Bereichen Schule, Kita und Erwerbsarbeit. Zwar nicht inhaltlich miteinander koordiniert, aber dafür umso engagierter halten die Expert/innen die Familienmitglieder im Wochenrhythmus auf Trab. Die Profis arbeiten dabei im besten Fall halbwegs störungsfrei, auf jeden Fall aber parallel nebeneinander her, zumal die wenigsten überhaupt wissen, dass noch andere Fachkräfte Herrn XY und seine Familie bei der Lebensalltagsbewältigung unterstützen.

Bei all diesen hoch spezialisierten, durchweg engagierten sowie in der Summe zumeist beeindruckend refinanzierten Helfersystemen besteht aufgrund der jeweiligen spezialisierten Fachlinien für die Familie keine Garantie, dass alle die gleichen inhaltlichen Ziele in diesem Familiensystem verfolgen. So mag die Verhaltenstherapeutin es als hilfreich ansehen, wenn Herr XY sich achtsamer um seine Stressreduktion kümmert, während die für die vierzehnjährige Tochter mit vier Fachleistungsstunden pro Woche eingesetzte ambulante Erziehungshelferin es eher notwendig findet, dass der Vater deutlich engagierter und klarer der Tochter etwas Struktur im Alltag nahebringt. Auch soll die Feinmotorik des Kleinsten unbedingt im Alltag des Familienlebens möglichst täglich gefördert werden. Insgesamt weist die Wohnung zu wenig Ordnung auf und zugleich muss Herr XY noch engagierter seine beruflichen Reintegrationsmaßnahmen verfolgen – und dies sind nur wenige Aspekte aus diesem Knäuel an gut begründbaren Einzelthemen zur Qualifizierung der väterlichen Erziehungskompetenz und Bewältigung eines gelingenden Aufwachsens.

Es ist nachvollziehbar, dass bei dieser Vielzahl an Akteur/innen die verschiedenen Interventionen und handlungsmethodischen Verfahrensweisen der unterschiedlichen Professionen nicht miteinander abgestimmt sind. Gleichwohl stehen eher isolierte Themen der individuellen Verhaltensänderungen im Fokus der jeweiligen Fachkräfte, da sie sich mit einzelnen Teilausschnitten aus dem Familienalltag befassen.

Vermutlich haben zugleich die Lebensverhältnisse starken Einfluss auf den Familienalltag. Wie ist der öffentliche Nahverkehr ausgebaut, um die Kinder und Jugendlichen in ihrer Bewegungsfreiheit im ländlichen Raum zu unterstützen? Wie gestalten sich die finanziellen und beruflichen Perspektiven für Herrn XY, sodass er eigenmotiviert und sinnstiftend seine Interessen und Fähigkeiten wieder einbringen kann, um der Familie eine ökonomisch weniger prekäre Lebenssituation zu ermöglichen? Wie kann die Wohnsituation dieser Familie so geändert werden, dass sie nicht von räumlicher Enge und Unruhe geprägt ist? All das sind alltagsbezogene Fragen, die sich aus dem benannten Knäuel der miteinander verwobenen Faktoren, die so einen Familienalltag eben ausmachen, ergeben und die Herrn XY ab einem gewissen Punkt überfordern und die er alleine nicht mehr bewältigen konnte.

Doch wer kümmert sich um diese verhältnisbezogenen Fragen des Alltags? Definieren diese Aspekte nicht originär professionsidentitätsstiftende Bausteine Sozialer Arbeit? Wie gehen wir als professionell Tätige der Sozialen Arbeit in einer solch komplexen Ausgangssituation vor? Was leitet uns normativ und professionsethisch? Was ist uns zugleich aber auch organisationsstrukturell und steuerungslogisch aufgrund der Sozialgesetzgebung überhaupt möglich? Und zu guter Letzt: Wer legitimiert denn eine Finanzierung, die sich, wie es so schön heißt, rechtskreisübergreifend am real existierenden Alltag einer solchen Familie ausrichtet, selbst wenn sich diese unter dem Strich gegebenenfalls sogar als effizienter herausstellen würde?

Die Kollegin des Jugendamtes im kommunalen Sozialdienst steht daher mit ihrem Ansatz, sich gemeinsam mit allen in dieser Familie handelnden Akteur/innen einen koordinierten Gesamtüberblick zu verschaffen, ebenfalls vor großen, vermutlich geradewegs nicht zu bewältigenden Herausforderungen. Fachlich würde sie sehr gerne, so hat sie es in ihrer Hochschulausbildung gelernt, in dieser Ausgangslage eine lebensweltorientierte, alltagsbezogene sowie partizipative und die Eigenkräfte des Familiensystems bestärkende Soziale Arbeit umsetzen. Doch wie soll sie das bewerkstelligen bei 26 beteiligten Fachkräften unterschiedlichster Professionslogiken? Ihr örtliches Jugendamt verfügt nicht einmal über einen Besprechungsraum in dieser Größe, noch würde sie die vielen Akteur/innen terminlich unter einen Hut bekommen. Und selbst für ein synergetisch effizienteres Online-Meeting gerade im ländlichen Bereich fehlen in den allermeisten Handlungsfeldern die technische Ausstattung und die Kompetenz.

Dieses Beispiel ist keine satirische Posse, sondern hat sich in der Tat in dieser Form, natürlich unter Berücksichtigung von Anonymisierung und leichter Verfremdung im Detail, so zugetragen. Solche Fallkonstellationen sind nach wie vor durchaus üblich, vielleicht nicht stets in diesem quantitativ beeindruckenden Ausmaß von mehr als zwanzig Akteur/innen in einer Familie. Auf der einen Seite steht der fachlich normative Anspruch von sogenannt systemischer Sozialer Arbeit, die die Adressat/innen als Expert/innen ihrer Lebenswelt versteht, mit allen fachlich hoch anspruchsvollen Implikationen. Auf der anderen Seite agieren schon innerhalb des SGB VIII oft nicht miteinander gelingend kooperierende Fachkräfte in ein und demselben Familiensystem, von darüber hinausgehenden Hilfen ganz zu schweigen.

Der Lebensalltag der Adressat/innen mit all seinen Komplikationen, Ungewissheiten und Herausforderungen scheint der zentrale Ansatzpunkt für eine gelingende Unterstützung durch Soziale Arbeit zu sein. Nicht die Klient/innen sollen sich dabei an die professionellen Systeme und Arbeitslogiken anschlussfähig machen. Vielmehr gilt, dass sich die professionell tätigen Fachkräfte an den Bezugssystemen der Menschen, *mit* denen sie arbeiten, andocken sollen. Die aktive Partizipation der Adressat/innen wird normativ und fachkonzeptionell in verschiedenen Diskursen als die zentrale Einflussgröße diskutiert. Doch wie gelingt eine praktikable Umsetzung im Arbeitsalltag eines Allgemeinen Sozialdienstes (ASD)? Vermutlich bedarf es nicht weiterer abstrakt-theoretischer Erkenntnisdiskurse und normativer Appelle an die einzelnen Fachkräfte. Es scheint an umsetzbaren Handlungskonzepten für die konkrete Lebenswelt- und Arbeitsalltagspraxis zu mangeln.

Doch zunächst sei ein Blick gewagt, wie es eigentlich zu solch einem Kompetenzwirrwarr kommen kann, sowohl im Familienalltag als auch im Zusammenwirken der einzelnen Fachkräfte. Daraus wird in Teil I abgeleitet, welche durchaus schon lange bestehenden wissenschaftlichen Erkenntnisse handlungsleitend sein können, welche fachkonzeptionellen Prinzipien sich daraus ableiten lassen und welche Innovationen sich auf organisationsstruktureller Ebene für einen zukunftsweisenden ASD notwendigerweise anbieten. Teil II ermöglicht einen praxisbezogenen Einblick in die Mitbestimmung und Entscheidungsübernahme von Adressat/innen im Rahmen dialogisch-partizipativer Fallberatungen. Teil III skizziert noch einmal in kompakter Form die zukunftsweisenden Perspektiven des Kommunalen Sozialdienstes entlang der zuvor herausgearbeiteten Notwendigkeiten und Herausforderungen.

I. Theoretisch-fachkonzeptionelle Bezüge

1. Alltagsorientierung – was bedeutet das?

In den Handlungsfeldern Sozialer Arbeit steht zumeist die Befassung mit dem Lebensalltag der Menschen im Fokus. Erfahrungsgemäß zeigt sich der Alltag als ein undurchsichtiges Durcheinander unterschiedlicher Einflüsse und Ungleichzeitigkeiten. Dies macht bei einer professionellen Betrachtung zunächst die Auseinandersetzung mit – und folgend die Akzeptanz von – Komplexität (Strunk/Schiepek 2014) notwendig. Komplexität bedeutet, dass nicht ganz klar herauszuarbeiten ist, was Ursache und was Wirkung ist, und dass sich beides stets gegenseitig-relational beeinflusst. Zudem lässt sich durchweg mehr als nur eine einzige isolierbare Einflussgröße ausmachen.

Infolgedessen ist eine im Grunde hilflose Suche nach möglichst objektivierbaren Ursachen- und Wirkungsketten (seit geraumer Zeit auch gern als „Präventionsketten" bezeichnet) nicht mehr notwendig. Damit geht einher zu akzeptieren, dass ein Alltag stets von Intransparenz und Nichtwissen (Wehling 2006) geprägt ist. Vieles lässt sich schwer nachvollziehen, ist nicht ausreichend erklärbar und erscheint wie ein verworrenes Chaos. Komplexität zeichnet sich durch eine Vielzahl von unvorhersehbaren, auf jeden Fall schwer bis teilweise gar nicht steuerbaren Einflussfaktoren aus. Weniger dramatisch formuliert: Alltag ist schlicht ein lebendiger Prozess.

Eine weitere Herausforderung verweist darauf, dass Prozesse in sozialen Interaktionen nicht zielgerichtet im Sinne eines vorweg definierbaren Ergebnisses oder Zustands gesteuert werden können. Menschliche Beziehungen lassen sich nicht in einem mechanistischen Verständnis beschreiben. Wir Menschen ändern unsere Sichtweisen, Einstellungen und Handlungen in der Regel nur dann, wenn uns eine alternative Option aus subjektiver Sicht als sinnvoller, hilfreicher und nutzbringender erscheint. Zudem muss diese Veränderung im Alltag umsetzbar und möglich werden. Dies bedeutet, dass es wenig hilfreich ist, wenn Fachkräfte der psychosozialen Professionen so tun, als hätten sie eine Maßnahmeplanung parat, anhand derer dann klar wird, was für einen Menschen oder ein Familiensystem hilfreich sein könnte und was die Personen aus professioneller Sicht jeweils brauchen und tun sollten.

Eine solche vorab durch Expert/innen gesetzte ergebnisfokussierte Steuerung wird bei einer an der komplexen Lebenswirklichkeit der Menschen orientierten Vorgehensweise durch einen dialogisch-partizipativen Entwicklungsprozess von Veränderungsoptionen aus Sicht der Betroffenen selbst abgelöst. Die Akzeptanz von Autonomie und die Beförderung von Selbststeuerung (Foerster/Pörksen 2006) bildet das Fundament (und nicht das Problem!) des Handelns Sozialer Arbeit. Die Ermöglichung von Selbstbestimmung zeigt sich vielmehr als ihr professionsbezogener Eigensinn.

Im soziologischen Diskurs wird seit mehr als einem Vierteljahrhundert eine „Umwandlung des Expertensystems zu einer demokratisch organisierten, durch Dialoge bestimmten öffentlichen Sphäre“ (Lash 1996, 345) als Form einer „reflexiven Modernisierung“ gefordert. Bezogen auf das Funktionssystem der Sozialen Arbeit korrespondiert diese Ableitung mit dem „Abschied vom Experten“ (Olk 1986) und dem „Abbau von Deutungsasymmetrien zwischen sozialarbeiterischen Professionellen und Klienten durch das alltagsweltliche Handlungskonzept“ (Olk 1986, 241). Diese Erkenntnisse und Fachdiskussionen bleiben aber trotz wiederkehrender Echowellen in wenig rezipierten akademischen Fachmagazinen sowie zugleich praxisevidenten Erfahrungen im Arbeitsalltag der Professionist/innen eher unbedeutsam.

Der Lebensalltag in all seinen Verwicklungen und mit den verschiedenen Bewältigungsanforderungen bleibt der zentrale Hebel für realisierbare und realistische Veränderungen. Damit einhergehend bedeutet eine so konzipierte Soziale Arbeit, dass die Menschen in einer Unterstützungssituation möglichst schnell wieder in ihrer selbstbestimmteren (Weiter-)Entwicklung und Veränderung hin zu einem gelingenderen Alltag (Thiersch 1986) unabhängig von professionell angebotener Hilfe werden, statt sie von Betreuung und Versorgung abhängig zu machen.

Eine gelingende personenbezogene Interaktion arbeitet neben der einzelfallbezogenen Dimension zeitgleich an den auf dieses soziale System einwirkenden Einflüssen des Alltags. Das zeichnet die Professionsidentität Sozialer Arbeit aus. Neben der rein auf den Einzelfall und das individuelle Verhalten bezogenen Unterstützung sind die sozialstrukturell einflussnehmenden Phänomene in den Lebenslagen (Verhältnisse) der Menschen wahrzunehmen, systematisch zu identifizieren, sichtbar zu machen, diskursiv zu erweitern und (gemeinsam mit den Adressat/innen) in Veränderung zu bringen. So produzieren in vielen Familien Faktoren wie das knappe Haushaltseinkommen, die beengte Wohnsituation sowie eingeschränkte berufsbiografische Perspektiven immer wieder existenzielle Bedrohungen. Diese Faktoren sind gleichsam bedingend für die Ermöglichung eines selbstbestimmteren, gelingenderen Alltags und damit eben auch grundlegend für eine hilfreichere – verstanden als den Alltag wirksam verändernde – Soziale Arbeit.

Eine damit einhergehende Notwendigkeit für das professionelle System liegt darin, eine für die Adressat/innen alltagskompatible Perspektive einzunehmen und sich der Komplexität des Lebensalltags der Menschen zu stellen. Durch ein stark segmentierendes, nicht abgestimmtes Spezialist/innentum mit funktionalen, zumeist voneinander isolierten Differenzierungen entfernen sich die professionellen Sichtweisen von den alltagsbezogenen Wirklichkeitskonstruktionen der Menschen, so wie in der eingangs beschriebenen Familiensituation.

2. Ableitung fachkonzeptioneller Prinzipien

Die Fachkräfte der Sozialen Arbeit sind faktisch die Expert/innen im Gestalten von Arrangements bzw. Architekt/innen von Ermöglichungsräumen, in denen sowohl im individuellen als auch im sozialräumlichen Kontext *gemeinsam mit* den Adressat/innen als Expert/innen für ihr je eigenes Leben die inhaltliche Ausgestaltung eines veränderten, zukünftigen Alltags entwickelt und angegangen werden kann. So wird ableitbar, weshalb das Prinzip der Selbstbestimmung einerseits so zentral ist und weit mehr bedeutet als Beteiligung oder gar Aktivierung! Andererseits muss dieses Prinzip nicht unbedingt normativ-ethisch durch irgendwelche Menschenrechtsdiskurse aufgeladen werden. Es kann auch schlicht ein pragmatisches Verständnis sein: Anders als mit dem Gegenüber zusammen funktioniert es einfach nicht!

All das greift das Fachkonzept Sozialraumorientierung (SRO) auf und hat daraus fünf zentrale Leitprinzipien sowie handlungsmethodische, aber auch organisationale Notwendigkeiten systematisiert zusammengeführt (Hinte/Treeß 2007). Im Fokus allen sozialarbeiterischen Handelns stehen die Interessen der Adressat/innen, ihr je eigener Wille und das Recht auf ein selbstbestimmteres, gelinderes Alltagsleben. Um das zu ermöglichen, braucht es eine tragfähige und belastbare Interaktionsqualität. Der entscheidende Schlüssel für den Zugang ist das Ernstnehmen der jeweiligen Menschen und das Aushalten des Alltagsdurcheinanders. Das bedeutet, sich mutig und in gewisser Weise solidarisch in ihre je eigene Alltagskonstruktion zu begeben, aber nicht, um sie dort „abzuholen", nicht, um diese zu analysieren, sondern um sich gemeinsam mit (!) den Menschen – und nicht für sie – den Zumutungen zu stellen. Die Menschen dann so weit zu stärken, dass sie über ein „Stattdessen" überhaupt nachdenken können, ist der entscheidende Hebel.

„Hilf mir, es selbst zu tun", dieser Grundgedanke ganz im Sinne von Maria Montessori, also die Stärkung der Selbsthilfe, das Zulassen von Eigeninitiative und Selbstorganisation statt professioneller Entmündigung, ist der eigentlich stärkende Ansatzpunkt. Hierzu zählt auch, dass die Menschen durch diese ernstnehmende Beziehungsqualität dabei unterstützt werden, im Wissen um die ganzen Alltagsproblemberge herauszuarbeiten, wo sie dennoch ganz konkret auch Momente des Gelingens haben, wie sie es schaffen, all das durchzustehen, wo es Menschen gibt, die ihnen dabei auch Kraft und Durchhaltevermögen geben, wo sie sich zumindest manches Mal die Hoffnung herholen können, dass es sich lohnen kann, weiterzumachen und es auszuhalten.

All das ist gemeint mit dem Fokus auf Ressourcen in den Menschen selbst, ihre sozialen Bezüge und ihren Sozialraum, also nicht die professionelle Zuschreibung dessen, was die Fachkraft an Ressourcen bei den Menschen entdeckt, sondern die Begleitung bei dieser Ressourcenerkundung durch die Menschen selbst. Dabei die Menschen in ihren Alltagsthemen und Interessen zu sehen, statt sie in Zielgruppenkategorien zu sortieren, führt logischerweise dazu, dass die Fachkräfte eben auch eine Zugangsexpertise zum alltäglichen Sozialraum, zu den anderen Akteur/innen haben müssen, ob nun aus anderen professionellen oder aus zivilgesellschaftlichen Bezügen in einem Stadtteil oder einer Region.

All das macht den fachkonzeptionellen Kern der zumindest teilweise eher missverständlichen Vokabel „Sozialraumorientierung" aus (vgl. Fürst/Hinte 2014). Nach diesem Verständnis grenzt sich das Fachkonzept SRO nicht von den bereits angedeuteten Traditionen einer etwa emanzipatorischen und lebensweltorientierten Sozialen Arbeit ab, sondern erwächst geradezu organisch aus diesen Erkenntnissen zu einem umfassenderen theoretischen Modell Sozialer Arbeit, das in einer Handlungsprofession eben auch konkrete Ableitungen für handlungsmethodische Verfahrensweisen und organisationale Aufstellungsnotwendigkeiten bis hin zu Steuerungs- und Finanzierungssystematiken ganzheitlich verbindet.

3. Organisationsstrukturelle Notwendigkeiten

Die Orientierung Sozialer Arbeit am lebensweltlichen Alltag und seinen sozialräumlichen Wechselwirkungsbezügen zur Ermöglichung von mehr Selbstbestimmung und Förderung von mehr Eigenkräften erweist sich als ein durchweg anspruchs- und zugleich voraussetzungsvolles Professionsverständnis. Damit eine Fachkraft derart handeln kann, benötigt diese von der professionellen Organisationseinheit – ob Team, Einrichtung, Fachdienst, Gesamtorganisation oder andere organisationale Kontextualisierungen – sowohl in ihrer Aufbauarchitektur als auch in ihren Arbeitsablaufgestaltungen passgenaue Aufstellungen. Die Befassung mit Komplexität und Nichtwissen braucht unbürokratische, flexible und partizipative Arbeitszusammenhänge.

Ein ausgesprochen hoher Stellenwert kommt dabei der organisationsinternen Kooperation zu, die eine unabdingbare Voraussetzung für eine gelingende Zugangs- und Kooperationsgestaltung mit externen Akteur/innen darstellt. Um extern gelingende Kooperation aufbauen zu können, braucht es zunächst eine gelingende interne Zusammenarbeit. Die Steuerungsprozesse innerhalb der öffentlichen Verwaltung sowie der Trägerorganisationen müssen entsprechend der Leitprinzipien aufgestellt werden, um diese im Arbeitsalltag realisierbar machen zu können und um sich „als anschlussfähig an die ins Auge genommene Lebenswelt" (Hinte 2008, 14) zu erweisen. Im Folgenden können nur ein paar zentrale Aspekte grob skizziert werden.

3.1 Organisationsinterne Kooperation – vom Nebeneinander zum Miteinander

Leitend für eine zunächst interne Kooperation ist es, die einzelnen Expertisen innerhalb der eigenen Organisation aus ihrer zumeist funktionalen sowie handlungsfeldbezogen spezialisierten Isolierung herauszuholen. Insbesondere in breiter aufgestellten Trägerorganisationen wie einem kommunalen Sozialdienst – Gleiches gilt aber auch für entsprechend handlungsfeldübergreifend agierende leistungserbringende Träger – bietet dies ein beeindruckendes Potenzial.

Es ist ein kommunikativ fließender, also geöffneter Austausch- und Entwicklungsprozess herzustellen, der nicht zufällig oder anlassbezogen, sondern regelhaft-verbindlich und damit systematisiert sowie chancengenerierend organisiert ist. Dabei wird eine passgenaue Balance zwischen sichernden und ordnenden, also gemeinsam verbindlichen Regularien sowie Einzelfall-passgenauen und damit flexiblen Varianten notwendig. Um Innovationen und Veränderungsoptionen anzuregen, braucht es innerhalb organisationaler Systeme stets ausreichend Irritationen. Dies bedeutet, dass ein Verlassen erprobter Routinen und standardisierter Wiederholungskreise durchaus erwünscht ist. Die bewusst intendierte Irritation wird also zur Regel. Klingt zunächst paradox, ist es aber nicht!

Ein kritisches Feedback – gerade auch hierarchie- bzw. funktionsebenenübergreifend –, eine treibende Innovationsfreude und damit einhergehend eine experimentierende „Unperfekt"-Toleranz befördern vernetztes Kooperieren und kreative Entwicklungen innerhalb solcher Organisationen. Innovative Entwicklungen verlaufen dabei nicht in einem linearen Prozess mit vorab definierten und abzuhakenden Meilensteinen des klassischen Projektmanagements. Sie gestalten sich vielmehr iterativ, also in Wiederholungsschleifen des Dazulernens.

Das Prozessmanagement ist im inhaltlichen Ergebnis offen, gleichwohl im Vorgehen systematisiert. Sogenannte wechselwirkende und zeitnahe Rückkopplungsschleifen bilden dabei die strukturelle und verbindliche Grundlage. Fachkenntnisse und spezialisierte Fachexpertise bleiben dabei elementar wichtig! Doch die zumeist professionshomogenen und abgeschlossenen Expert/innenteams in ihren isolierten sowie zielgruppenkonstruierten Handlungsfeldern werden strukturell, kommunikativ und auch handlungsbezogen geöffnet. Komplexe Lösungsszenarien bedürfen unterschiedlicher Expertisen aus verschiedenen Fachrichtungen und Funktionsebenen. Durchaus irritierende Impulse und ungewohnte Einflüsse zur kreativen Veränderung gelten als erwünschte Anregung (nicht als Störung) für notwendig lernende Entwicklungsprozesse, um die Wissens- und Kompetenzbasis sowie Handlungsräume an neue Erfordernisse stets anzupassen.

Ein sich in diesem Sinne in ständiger Veränderung befindendes, kooperierendes Organisationssystem wird nach Senge (2011) als „lernende Organisation" bezeichnet. Die dabei zentralen fünf Disziplinen (das Zulassen der persönlichen Meisterschaft, das Nutzbarmachen mentaler Modelle, die Entwicklung gemeinsamer Visionen, ein gemeinsames Teamlernen sowie insgesamt ein Systemdenken) können in diesem Kontext nur angedeutet werden. „Die nach Abteilungen und Bereichen geordnete Struktur von Unternehmen und Organisationen wird sich zugunsten eines vernetzten Gefüges mit fluiden Grenzen und Kompetenzbereichen auflösen. Dann erst werden Lösungen möglich, die der wachsenden Komplexität der Aufgaben entsprechen" (Weinberg 2015, 105). Dabei geht es um eine deutliche Veränderung in der Kultur der Zusammenarbeit innerhalb der Organisationen. Nicht die abgeschottete Einzelleistung, sondern geteiltes Wissen zur Entwicklung von Innovationsideen wird nunmehr strukturell und organisationskulturell befördert.

3.2 Multiperspektivische Teams – Ich sehe was, was du nicht siehst!

Bei all dem steht das möglichst diverse, heterogene, funktionsebenenübergreifende und damit multiperspektivische Team im Fokus. Die benannten rückkoppelnden, wechselwirkenden Schleifenprozesse in der Kommunikation sind zunächst organisational zu etablieren, „und der Arbeitsplatz wird zu einem flexiblen Ort der kreativen Zusammenarbeit, nicht mehr ein Ort des Einzelkämpferwissens" (Weinberg 2015, 71). Multiperspektivische, das heißt sowohl bezüglich der Fachexpertise als auch bezüglich der Funktionsebene gemischte Teams sind also die tragende Grundlage. Diese Arbeitszusammenhänge werden auf inhaltliche Themen bzw. fachliche Fragestellungen bezogen und kooperieren damit im Wissen und Handeln vernetzt. Sie brauchen sich also in ihrer alltäglichen Unterschiedlichkeit, um vorwärtszukommen, statt sich alltäglich gelangweilt zu bremsen.

So arbeiten beispielsweise die ganzen Expertisen der Kinder- und Jugendhilfe nicht mehr entlang der Sozialgesetzgebungsparagrafen in voneinander abgetrennten Einheiten nebeneinanderher. Vielmehr wird der Alltag der Menschen – und damit der Sozialraum – zur steuernden Bezugsgröße, um die herum sich diese verschiedenen Expertisen aus Kita, Jugendarbeit, Hilfen zur Erziehung, Familienberatung, Integrationshilfe, Jugendsozialarbeit,

Jugendhilfe im gerichtlichen Verfahren und derlei mehr in einem gemeinsamen Fachkräfteteam wiederfinden, um dem ganzheitlichen Verständnis einer alltagsorientierten Sozialen Arbeit auch organisational in einer systematisierten Vielfalt zu entsprechen.

Es geht um ein Teilen des Wissens und des Könnens, das nunmehr zu konkreten Fragestellungen der aktuellen Praxis und entlang der Themen der Menschen aus ihren lebensweltlichen Bezügen aufgestellt ist – und nicht mehr entlang tradierter Linienorganigramme. Eine lernende Organisation ist somit auch stets eine lebendige und neugierige Organisation, die – gestärkt durch einen verbindlichen und gemeinsam getragenen Rahmen – in einem steten Wandel befindlich ist. Solche Teamstrukturen und Arbeitsprozesse passgenau aufzubauen und verbindlich zu gestalten, ist eine organisationale Spitzenaufgabe.

3.3 Sozialraumbezogene Aufbauarchitektur – „Form follows function."

Nachvollziehbarerweise kann es in der Aufbauarchitektur keinen standardisierten Bauplan im Sinne eines allgemeingültigen Rezeptes geben, der ganz unabhängig von der jeweiligen Organisationstradition und der Ausgangslage für jede kommunale Organisation passend ist. Wenn beispielsweise auf örtlicher Ebene ein ASD einerseits in vielen verschiedenen Aufgabenbereichen und Handlungsfeldern tätig und zudem quantitativ stark aufgestellt ist, gibt es gleichwohl bereits bestehende Erfahrungen aus Kommunen mit einem Organisationsumbau, der sich von einer fachbereichsspezifischen Isolierung (Abb. 1, linke Seite) hin zu einer sozialraumbezogenen, aufgabenbereichsübergreifenden Organisationsstruktur (Abb. 1, rechte Seite) entwickelt.

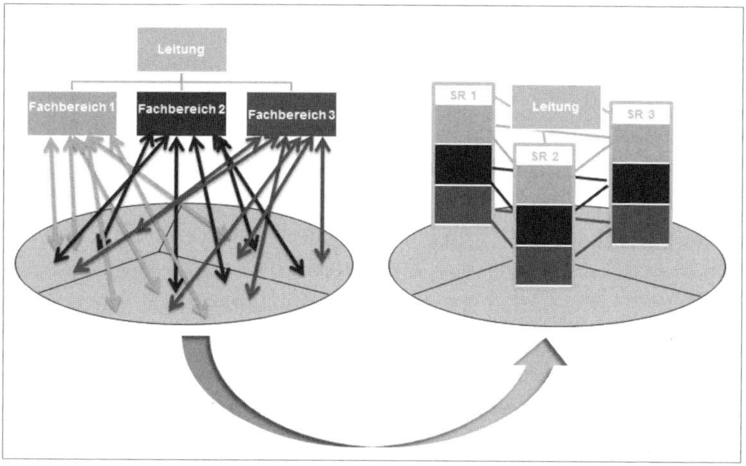

Abb. 1: Fachbereichsisolierte versus sozialraumbezogene Organisationsstruktur

So wird wie benannt der Sozialraumbezug zur Steuerungsgröße in der Organisation. Die verschiedenen Fachbereichsperspektiven kommen so aus ihrer parallelen Isolierung in ein verbindliches und abgestimmtes Agieren. Zugleich gibt es ein sozialraumübergreifendes handlungsfeldspezifisches Wissensmanagement durch einen sogenannten Matrixaufbau. Beispiele und Varianten finden sich in kommunalen Kontexten wie Nordfriesland, Rosenheim, Stuttgart, Ulm oder auch Graz. Die Erfahrungen aus diesen durchaus radikalen Veränderungsprozessen zeigen, dass auch für deren Gestaltung die kommunikative Transparenz in der Organisation sowie die aktive Partizipation der Mitarbeitenden grundlegend notwendig sind, denn gerade der Veränderungsprozess selbst zeigt sich ebenfalls als ein lernender und dadurch passgenauer und nachhaltig tragfähiger Prozess (Teubert/Krucher 2017).

3.4 Steuerung: Führst du schon oder leitest du noch? – Leitungsfunktion und Managementverständnis

Ein wesentlicher Faktor in einem solchen Entwicklungsprozess sind die Führungskräfte der obersten Spitze sowie des mittleren Managements, die ebenfalls – wie die Mitarbeitenden der operativen Ebene in der Interaktion mit den Adressat/innen – sowohl in ihrer Haltung und ihrem Selbstverständnis als auch in ihren Verfahrensweisen die Leitprinzipien einer dialogisch-partizipativ ausgerichteten sowie sozialraumbezogenen Sozialen Arbeit für die Gestaltung der organisationsbezogenen Arbeitsprozesse verstanden haben und wirksam werden lassen.

Es wird dabei sehr nachvollziehbar, dass bei der Implementierung einer so verstandenen Sozialen Arbeit ein wesentlicher Baustein die Personalentwicklung in Form von passgenauen Fachkräftetrainings ist. Diese müssen sich ebenfalls auf die Führungskräfte beziehen, da die Expertisen für ein „postheroisches Management" (Baecker 1994) bei Führungskräften nicht per se vorausgesetzt werden können. Die postheroische Managementtheorie misstraut dem Ideal einer bzw. eines alles steuernden und „einsamen" Entscheiderin oder Entscheiders und ersetzt es durch das Zusammenspiel vieler verschiedener Köpfe in einem kooperierenden Team.

Die Funktion von Führungskräften besteht maßgeblich in der strukturellen Gestaltung und der inhaltlichen Moderation der internen und externen Kommunikation. Die Grenzen innerhalb (und auch außerhalb) der Organisation werden als veränderbar verstanden. „Postheroische" Führungskräfte sind bereit, der Organisation neue Gestaltungsbereiche zu erschließen und andere aufzugeben, um die inhaltlichen Leitziele zu erreichen. Voraussetzung ist – wie bereits angedeutet – die Gestaltung von kommunikativen und organisationsbezogenen Strukturen und Prozessen innerhalb der Organisation, die das Wissen, die Expertise und das Können aller Mitarbeitenden einbinden, koordinieren und verfügbar machen. Dieses Kommunikations- und Potenzialmanagement benötigt flache und eher dezentral einbindende Machtstrukturen. Dies zu etablieren und am Laufen zu halten, ist eine wesentliche Leitungsaufgabe und nicht nur in öffentlichen Verwaltungen eine bedeutsame Veränderung der zumeist bestehenden Organisationstradition.

Gleichwohl entspricht ein solches Managementverständnis deutlich den (sozialarbeiterischen) Prinzipien des Empowerments, der Stärkung von Selbstorganisation und einer klaren Ressourcenfokussierung in einer wertschätzenden dialogischen Organisationskultur. Das alles passt also ganz hervorragend in den Kontext Sozialer Arbeit. Ein hilfreicher Nebeneffekt dieser intraorganisationalen Ressourcenfokussierung: „Mitarbeiter zählen wohl mit zu den besten Unternehmensberatern" (Weinberg 2015, 188).

Um innovative, am Lebensalltag orientierte und in der Bewältigung passgenaue Handlungsoptionen zu entwickeln, braucht es sowohl im sozialarbeiterischen Mikrokontext der Interaktion mit Adressat/innen als auch im organisationsbezogenen Mesokontext der Weiterentwicklung von Handlungsformen und Settings der Mitarbeitenden ein Chancenmanagement, das Gelegenheiten generiert und Ressourcen nutzbar macht. „Besonders in Deutschland herrscht immer noch das institutionelle Leitmotiv: Lieber nichts tun, als das Falsche zu tun. Ein grundlegender Denkfehler, der nur dazu taugt, Neuerungen aufzuhalten" (Weinberg 2015, 43).

Unsere leitenden Fundamente in der Gestaltung von Prozessen und den Versuchen zielorientierter Steuerungssysteme begründen sich im Glauben an eine vorausschauende Berechenbarkeit. Diese Sehnsucht nach einer berechenbaren Zukunft scheint in unserem

Kulturkontext seit Newton vorherrschend zu sein (Braak 2011). Die seit einigen Dekaden bereits erforschten neueren Erkenntnisse der Physik, beispielsweise der sogenannten Synergetik, zeigen sehr deutlich, dass eine antizipierende Berechenbarkeit und extern gesteuerte, zielorientierte Prozessgestaltung insbesondere in komplexen Systemen an ihre Grenzen stößt (Haken/Schiepek 2010). Maßgeblich soziale Interaktionen sind stets lebendig und damit komplex. Für das Management bedeutet dies, lernende Prozesse zu ermöglichen und Wissensgenerierung zuzulassen. Im Konkreten folgt daraus beispielsweise, dass antizipierte, also vorab geplante Prozessschritte stets nur als Lern- und Entwicklungsimpulse zu verstehen sind und nicht als durch ein Controlling engmaschig geführtes Zielerreichungssystem.

3.5 Wohin wir steuern? Von Versorgungsqualität zu Lebensqualität.

Durch die Leitprinzipen einer am Alltag der Bürger/innen orientierten emanzipatorischen und sozialraumbezogenen Sozialen Arbeit etabliert sich die je subjektive Lebensqualität der Menschen in einem Sozialraum zur handlungsfeldübergreifenden Steuerungsgröße. Nicht mehr der „Fall", das „Problem" oder die „Erkrankung", die Zielgruppe, die institutionelle Immobilie, die Belegung der stationären Plätze oder ähnliche Abgrenzungskategorien motivieren das fachliche Handeln. Gleiches gilt für die Finanzierungslogik. Es wird möglichst eine lebensweltbezogene und wirksame Hilfe befördert, gerade auch unter Einbezug der Ressourcen der Adressat/innen sowie ihrer Alltagsbezüge und damit der sozialraumimmanenten Ressourcen.

Daher darf die Finanzierungslogik nicht auf Defizite orientiert sein bzw. eine problemzuschreibende Intervention notwendig machen, die, je schwerwiegender und langandauernder der „Fall" ist, dem Leistungsträger einen entsprechend lukrativeren Ertrag bringt. Diese Finanzierungssystematik steht einer Hilfe zur Selbsthilfe zumeist komplett entgegen.

In dem konkurrenzorientierten Marktsystem wirkt eine Abhängigkeitsfalle in zwei Dimensionen: Einerseits werden die Adressat/innen abhängig von der Profihilfe. Andererseits werden die Profistrukturen abhängig von der refinanzierten Hilfemaßnahme. Wenn ich als Mitarbeiter/in bei einem Träger mit einer halben Stelle fix angestellt bin und zugleich die von mir gewünschte flexible Aufstockung von der aktuellen Nachfrage abhängig gemacht wird, wirkt das Hilfeparadoxon auch in dieser Richtung. Wie soll ich als Mitarbeiter/in dem professionsethischen Anspruch einer emanzipatorischen Sozialen Arbeit folgen und Hilfe zur Selbsthilfe leisten, wenn das Risiko der unternehmerischen Planungssicherheit nunmehr auf mich abgewälzt wird?

Diese unternehmerische Logik evoziert durchaus Widersprüche zu den fachlichen und professionsethischen Notwendigkeiten. Das bestehende spezialisierte Angebot muss belegt werden, das Angebot steuert also den Bedarf und nicht der Selbstbestimmungswille oder die Alltagsnotwendigkeit der Menschen. Statt vorab „produzierte" Angebote von Hilfen an die Menschen zu „verkaufen", müssen gemeinsam mit den Familienakteur/innen individuelle, an den Alltagssituationen ausgerichtete Lösungsbilder für Veränderungen im Lebensweltalltag der Adressat/innen entwickelt werden – basierend auf deren Möglichkeiten und Ressourcen, nicht gegen ihre Interessen und losgelöst von ihren Alltagsbezügen. Folglich müssen sich die Profis eher den lebensweltlichen Alltagen der Familien anpassen. Aktuell scheint es aber zumeist nach wie vor so zu sein, dass sich die Familien den Angeboten anpassen müssen.

Doch die Adressat/innen haben einen Anspruch auf lebensweltliche, alltagsbezogene Hilfe in einem auf sie als handelnde und eigenaktive Subjekte bezogenen Verständnis. Dies impliziert, dass eben auch der Leistungserbringer daraus keinen Anspruch auf Nutzung seiner bestehenden Angebote ableiten kann. Hingegen benötigt ein leistungserbringender Träger Planungssicherheit für fachliche Qualitätssicherung und vor allem auch Qualitätsweiterentwicklung. Die Notwendigkeit dieser Planungssicherheit und Qualitätsentwicklung muss daher entkoppelt werden von einer Refinanzierung über zumeist individualisierende Einzelfalllogiken. Die zentrale fachliche Steuerungsgröße bestimmt somit die Lebensqualität im Alltag der Menschen in einem Sozialraum und nicht die Versorgungsqualität von Zielgruppen.

Die Steuerung über ein raumbezogenes, nicht mehr allein einzelfallbezogenes, zieldienliches und systemisch-flexibles Finanzierungsmanagement entlang der fachlichen Wirksamkeitsindikatoren erweist sich als zentral (vgl. Krammer/Punkenhofer 2014).

4. Zwischenfazit

Eine nach dem zuvor beschriebenen Verständnis umgesetzte, dialogisch-partizipativ ausgerichtete sowie sozialraumbezogene Soziale Arbeit erscheint als durchweg anspruchsvolles, theoretisch sowie handlungspraktisch fundiertes Fachkonzept. Die Implementierung einer solchen Professionalität benötigt nicht allein eine hohe fachliche Expertise der Mitarbeitenden, die in der direkten Interaktion mit den Adressat/innen Sozialer Arbeit stehen. Die fachliche Kenntnis sowie die angewendeten Fertigkeiten der entsprechenden methodischen Verfahrensweisen sind grundlegend und müssen in der Regel durch – am jeweiligen Arbeitskontext passgenau justierte – Trainingsprozesse in einer systematisierten Personalentwicklung unterstützt werden.

Gleichwohl – so die zentrale These – wird dies erst nachhaltig wirksam, wenn der organisationale Rahmen überhaupt ein solches professionelles Handeln zulässt und ermöglicht. Eine Änderung der grundsätzlichen Steuerungsziele und gleichsam der Anreizsysteme sowie der damit einhergehenden Finanzierungssystematik in den Bereichen der professionell-sozialen Leistungserbringungen erscheint dringend notwendig, um von einer homogenisierend-standardisierten Versorgungsqualität zu einer subjektiv-partizipativen Lebensqualität zu gelangen. Hilfreich sind zugleich organisationsbezogene Entwicklungsanreize, um sich als Mitarbeitende auf den Weg der Innovation zu begeben, da dieser Weg für alle Beteiligten mit Investition und Risiko verbunden ist. Personelle Perspektiven und Kontinuität sind dabei proaktiv als einflussnehmende Faktoren zu planen.

Prozessbezogene und eher formativ ausgerichtete (Selbst-)Evaluationen als professionelles Instrument der Qualitätssicherung und -entwicklung sind wesentlich: Sichern, was gut funktioniert! Und mehr von dem ausbauen, was funktioniert, sowie ein neugieriges systematisiertes Lernen aus Gelingendem zulassen! Nur wer etwas ausprobiert, kann Neues dazulernen. Doch wer beim Ausprobieren bereits den Erfolg garantieren muss, wird nur in einem eingeschränkten Maß wirklich Neues erproben. Dabei braucht es stets eine strukturierte Reflexion, fachliche Weiterentwicklung sowie unterstützende Personalentwicklungsmaßnahmen und das Wissen, dass eine selbstbestimmtere Alltagsbewältigung durchaus mit weiteren Herausforderungen für alle Beteiligten verbunden ist. All das sind strategische Managementaufgaben, für die es im Übrigen ebenfalls entsprechende Qualifizierungsrahmungen benötigt.

Sofern eine fachlich-konzeptionelle Weiterentwicklung der Handlungspraxis und damit die Qualität der Arbeit insbesondere mit Blick auf eine Alltagswirksamkeit für die Menschen im Fokus steht, initiiert die Organisation einen offen-transparenten Fachdiskurs und steuert maßgeblich durch Fragen statt durch Vorgaben, Anweisungen und vorgefertigte Antworten in Form von vordefinierten Kennziffern. Es braucht daher konkret ausgearbeitete Qualitätsrahmungen für den Fachdiskurs darüber, was gute Soziale Arbeit auszeichnet und zugleich organisational benötigt. Statt handlungsbestimmender Kennzahlen und vorgegebener Produktergebnisse bilden diese Qualitätsziele sowie im konkreten Arbeitsalltag regelhaft verankerte Reflexionsnotwendigkeiten im Erbringungsprozess den sichernden Korridor für professionelles Handeln. Eine systematisierte und ernsthaft realisierte Personal- und Organisationsentwicklung als Grundbedingung zur Umsetzung des Fachkonzeptes Sozialraumorientierung wird damit zu einer organisationalen Leitungsaufgabe.

Soziale Arbeit nach dem beschriebenen Verständnis umzusetzen, zumal in einer kommunalen Verwaltung als ASD organisiert, ist herausfordernd. Umso beeindruckender erscheint es, wie unter diesen Rahmenbedingungen vereinzelt sehr gelingende Prozesse realisiert werden. Die fachlichen Potenziale bei den Kolleg/innen und ihren Organisationen sind klar vorhanden. Notwendig wird eine deutlich konzentriertere und strukturell befördernde (statt behindernde) fachliche Weiterentwicklung und ernsthaft verbindliche sozialgesetzliche und fachpolitische Rahmung. Frei nach Hans Thiersch: Die wesentliche Aufgabe der sozialpolitischen Führung und Verwaltungsspitze ist die Ermöglichung eines gelingenderen, selbstbestimmteren Arbeitsalltags, um diese fachlichen Ansprüche überhaupt umsetzen zu können.

Wie wird nun so ein fachkonzeptionelles Verständnis von aktiver Partizipation, Komplexitätsmanagement und Sozialraumorientierung in konkretes Praxishandeln in einem kommunalen Jugendamt umsetzbar? Im Folgenden wird, dem Rahmen dieses Büchleins angemessen und zugleich einen konkreten Praxiseinblick gebend, allein der Aspekt der klaren Mitgestaltung und Mitbestimmung von Adressat/innen im Kontext von dialogisch-partizipativen Fallberatungen nachvollziehbar gemacht. Es handelt sich hierbei um nur einen, wenngleich sehr zentralen Baustein aus dem umfangreichen Umbauplan für eine fachkonzeptionell fundierte Kinder- und Jugendhilfe in einem zukunftsweisenden ASD.

II. Ein Beispiel aus der Praxis eines ASD: Mitbestimmung und Entscheidungsübernahme von Adressat/innen

Seit geraumer Zeit sind Aktivierung, Partizipation und Verantwortungsübernahme geläufige Begriffe in der Sozialen Arbeit. Es ist die Rede davon, dass Familien, Kund/innen, Klient/innen, Eltern, Betroffene aktiviert werden müssen, dass Sozialarbeiter/innen sie beteiligen sollen oder ihnen Verantwortung übertragen wird (vgl. Pluto 2007; Schäuble/Wagner 2017). Dies sind maßgebliche Haltungsänderungen, die sowohl im rechtlichen Rahmen als auch im methodischen Handeln der sozialarbeiterischen Praxis Ausdruck finden. In den vergangenen 20 Jahren entwickelte sich in der Sozialen Arbeit ein vielfältiges Methodenrepertoire. Systemisches Denken und Handeln wird in vielen Organisationen und Teams erwartet und umgesetzt, entsprechende Fortbildungen stellen bei vielen öffentlichen und freien Trägern zentrale Bausteine der Mitarbeiter/innenqualifizierung dar, Hilfekonferenzen, Fallberatungen, Supervisionen gehören in allen Handlungsfeldern zum Standard.

Dennoch bleibt der Eindruck bestehen, dass sich die Akteur/innen in der Sozialen Arbeit ihren Expert/innen-Status ungern streitig machen lassen wollen. Sie sind diejenigen, die andere – Klient/innen, Familien, Senior/innen – aktivieren, sie möchten Verantwortung „zurückgeben", sie wollen beteiligen. Und gleichzeitig wollen sie Fachfrau und Fachmann bleiben, möchten Hilfeoptionen entwickeln, den Weg weisen, in Expert/innenkreisen Fachgespräche und Fallberatungen führen und, ja, das Ruder ungern aus der Hand geben.

Dadurch werden immer noch und immer wieder aufs Neue zwei Ebenen kreiert: die Ebene der Fachkräfte und die Ebene der Nicht-

Fachkräfte oder auch die Ebene der „aktiven" Fach-Entscheider/innen, die die „in-aktiven" Adressat/innen auf der anderen Ebene anhört, informiert, aktiviert oder beteiligt. Und auf diesen Ebenen fühlen sich möglicherweise alle wohl. Die Fachkräfte erleben sich als kompetent, fachlich versiert, in ein kollegiales und im besten Falle multiperspektivisches Miteinander eingebettet, in dem sie Ideen generieren können, miteinander im Austausch sind. Die Adressat/innen fühlen sich angemessen informiert, gut beraten, ihnen werden Hilfeoptionen präsentiert, sie werden um ihre Meinung gebeten, können auswählen und mitentscheiden. Im besten Fall fühlen sie sich von kompetenten Fachkräften ernst genommen, angemessen betreut und begleitet.

Echte Beteiligung bedeutet jedoch mehr, sie bedeutet die Transparentmachung professioneller Strukturen und Entscheidungswege, den Einbezug und die Mitgestaltung von Adressat/innen in diesen Strukturen, die Anpassung von Strukturen und Methoden an die Lebenswelt der Adressat/innen und die Entscheidungsübernahme durch die Adressat/innen Sozialer Arbeit.

Auf den Bereich der ASD-Arbeit bzw. der Hilfen zur Erziehung (HzE) bezogen bedeutet dies, dass selbstverständlich Kinder, Jugendliche und Eltern vor einer Entscheidung über eine Hilfe angehört werden, teilweise werden viele und intensive Gespräche mit ihnen geführt. Es bedeutet, dass Fachkräfte im Bereich der HzE vor Gestaltung des Ferienprogramms erheben, was für Interessen die möglicherweise teilnehmenden Familien haben. Es bedeutet auch, dass bei Hilfeabbrüchen oder familiären Krisen im Kreis der Fachkräfte um Ideen gerungen wird, Optionen aus Hüten gezaubert werden, quer, schräg und ungewöhnlich gedacht und geplant wird und all dies mit den Jugendlichen oder Eltern rückgekoppelt wird. Es bedeutet, dass Vorstellungsgespräche, Info-Termine und

„Probe-Wohnen" in stationären Jugendhilfeeinrichtungen ermöglicht werden.

Und es bedeutet gleichzeitig, dass es immer noch geschieht, dass ASD-Mitarbeiter/innen entscheiden, wer an Hilfeplangesprächen teilnimmt oder nicht. Es bedeutet, dass Eltern oder Jugendliche wenig oder keine Einblicke in behördliche Entscheidungsprozesse haben und behördliche Entscheidungswege oft als „Black Box" erlebt werden. Es bedeutet, dass Familien über Entscheidungen der Fachkräfte informiert werden und gegebenenfalls auswählen können. Es bedeutet, dass noch immer sehr häufig Expert/innen *für* Adressat/innen denken – und nicht *gemeinsam mit* ihnen.

Wirkliche Beteiligung meint jedoch ein gemeinsames und idealerweise zeitgleiches Denken und Entscheiden von Fachkräften und Adressat/innen unter Berücksichtigung und Wahrung des jeweiligen Verantwortungsbereichs und der jeweiligen Expertise: die Fachkraft in ihrer Verantwortung für die Wahrung rechtlicher Grundlagen, Sicherung der Finanzierung, Zurverfügungstellung methodischer und struktureller Ressourcen und die Adressat/innen in ihrer Expertise und Verantwortung für ihr Leben und das ihrer Kinder.

Partizipation meint nicht, Informationen zu geben, Meinungen zu erheben und Lebensweltexpertise einzuholen, sondern bedeutet immer, Verantwortung und Macht teilweise oder ganz abzugeben, zu übertragen – oder dort zu belassen, wo sie ohnehin ihren Platz haben, nämlich bei den Adressat/innen (vgl. Straßburger/Rieger 2019). Und zwar auch dann, wenn die Entscheidungen, die so getroffen werden, nicht die von Fachkräften gewünschten und möglicherweise auch genauso wenig die für Eltern einfachsten und am leichtesten zu ertragenden sind. Möglicherweise sind Ideen und Entscheidungen, die auf diesem Weg entstehen, für alle Beteiligten anstrengend und ein Kraftakt, denn das Ziel eines selbstbestimmteren, gelingenderen Alltags (vgl. Kap. I.1.) zu erreichen, kostet alle Beteiligten Kraft und Energie.

Im Folgenden wird ein Einblick in die Gewährung und Erbringung von Hilfen zur Erziehung eines kommunalen Jugendamtes gegeben und anschaulich gemacht, wie Kinder, Jugendliche und Eltern verbindlich und aktiv in behördliche Entscheidungsprozesse eingebunden werden und wie ein gemeinsames Entwerfen und Diskutieren von Hilfeoptionen von Fachkräften und Adressat/innen aussehen kann. Der Kontext Kinderschutz wird ebenso berücksichtigt wie abschließend die Diskussion um notwendige Anforderungen an Fachkräfte und Organisationen.

1. Der Transfer in die kommunale Praxis der Hilfen zur Erziehung

In vielen bundesdeutschen Kommunen gibt es seit mehreren Jahren eine intensive Auseinandersetzung mit der Implementierung einer dialogisch-partizipativ ausgerichteten sowie sozialraumbezogenen Sozialen Arbeit in die Praxis der Kinder- und Jugendhilfe, insbesondere im Handlungsfeld der Hilfen zur Erziehung. In der Großstadt, die hier als Praxisbeispiel dient und sich bereits Ende der 1990er-Jahre an die Umsetzung dieses Fachkonzeptes machte, lag ein zentraler Baustein für die Einführung dieses Ansatzes in die alltägliche Praxis der Hilfen zur Erziehung in der Konkretisierung der oben benannten Prinzipien der Sozialraumorientierung als leitende Qualitätsziele.

Folgende zentralen fachlich-inhaltlichen Aspekte sind diesbezüglich zu benennen:

- Ausgangspunkte jeder Unterstützungsleistung sind die Situationswahrnehmung aus Sicht der jungen Menschen und der Familie,
- die wertschätzende sowie aktive Einbeziehung der Adressat/innen sowie die Förderung ihrer Selbsthilfepotenziale,
- der Fokus auf die verschiedenen Ressourcenebenen in der Lebenswelt und im Sozialraum,
- die Unterstützung lebensweltbezogener Systeme statt konstruiert-isolierter Einzelfallpersonen,
- das Entwickeln von lebensweltbezogenen und für den Einzelfall passenden individuellen Hilfen, die möglichst die Adressat/innen in Regeleinrichtungssystemen belassen bzw. dort reintegrieren,
- eine damit verbundene abgestimmte Kooperation verschiedener institutioneller Handlungsfelder inner- und außerhalb der Jugendhilfe,
- die möglichst wohnortnahe und mit möglichst wenig Beziehungsabbrüchen verbundene Leistungserbringung
- und eine möglichst proaktive, also präventive Unterstützung durch sozialräumliche und fallunspezifische Aktivitäten.

Ein zentraler Baustein zur Unterstützung der fachlichen Ziele war die Einführung einer spezifischen Form der kollegialen Beratung im Entscheidungsprozess zu einer Hilfe zur Erziehung. Die Besonderheit dieser kollegialen Beratung entspringt einer sogenannten doppelten Interdisziplinarität: Das bereits interdisziplinär aufgestellte Sozialraumteam des öffentlichen Trägers aus Sozialarbeiter/innen, Psycholog/innen und Fachkräften der wirtschaftlichen Jugendhilfe als leistungsgewährende Instanz ist gemeinsam mit den Mitarbeitenden des leistungserbringenden Schwerpunktträgers an diesem Stadtteilbezogenen Fachkräfteteam (SFT) beteiligt. Darüber hinaus können weitere Akteur/innen aus dem Stadtteil, beispielsweise Lehrer/innen oder Schulsozialarbeiter/innen, eingebunden werden. Durch dieses Verfahren soll insbesondere eine Perspektivenerweiterung erreicht werden. Im verbindlich festgelegten Verfahrensablauf der kollegialen Beratung in dieser Multiexpertise-einbindenden Zusammensetzung wird methodisch-inhaltlich auf die Qualitätsziele Interessenerkundung, Partizipation, Eigenkräfte, Ressourcen, Lebensweltbezüge etc. fokussiert (vgl. Sandner-Koller 2012).

Die inhaltliche Vorbereitung auf eine solche sozialraumorientierte, kollegiale Fallberatung obliegt bei sogenannten Erstfällen den Fachkräften des Jugendamtes. Sie bleiben aufgrund der behördlichen Verfahrensverantwortung des öffentlichen Trägers die ersten Ansprechpartner/innen für alle Hilfe suchenden Menschen. Bei den folgenden Fallberatungen, die in der Regel jährlich oder aus gewichtigen Gründen auch häufiger stattfinden, liegt die Vorbereitung in der gemeinsamen Verantwortung der zuständigen Mitarbeiter/innen des Trägers der HzE und des Jugendamtes. So wird auch hier auf die gemeinsame Verantwortung, sowohl die Verfahrensabläufe als auch die inhaltliche Arbeit betreffend, fokussiert und bereits in der Vorbereitung auf die Fallberatung die Notwendigkeit einer Multiexpertise-Perspektive betont.

Die Fachkräfte erarbeiten mit den Adressat/innen ihren Willen, um aus diesem gemeinsam Handlungsziele abzuleiten. Die falleinbringende Fachkraft erarbeitet so vorab eine Aufmerksamkeitsrichtung und stellt diese im SFT dar. Das heißt, sie definiert „die Richtung, in die das Team […] denken soll" (Budde/Früchtel/Hinte 2007, 214). Im Anschluss daran werden Anlasssituation, die erkundeten Ressourcen und die erarbeiteten Willensziele der Kinder, Jugendlichen und Eltern vorgestellt. Nach der Möglichkeit, Rückfragen zu stellen – stets bezogen auf die eingebrachte Aufmerksamkeitsrichtung –, dient die anschließende kollegiale Ideenbörse im Setting eines nicht-diskutierten Brainstormings

„der Erweiterung des Möglichkeitsspektrums im Hinblick auf das durch die ‚Aufmerksamkeitsrichtung' […] definierte Ziel" (Ebenda, 225 f.).

Anschließend wählt die falleinbringende Fachkraft unter den vorgeschlagenen Ideen eine oder mehrere aus, die sie nach einer Konkretisierung und gegebenenfalls weiteren Vereinbarungen den Adressat/innen als Lösungsvorschlag in einem Hilfevereinbarungsgespräch unterbreitet. Idealerweise sind diese Lösungsvorschläge maßgeblich an dem Lebensalltag der Betroffenen, ihren Lösungsbildern sowie ihren persönlichen und sozialräumlichen Ressourcen orientiert und werden weniger in professionellen Unterstützungsmaßnahmen oder Angeboten formuliert (vgl. Bestmann 2016).

Im Überblick strukturiert sich der Besprechungsablauf wie folgt:

1. Verteilung von Funktionen (Moderation und Protokollführung)
2. Benennung der Fragestellung durch den/die Falleinbringende/n
3. Vereinbarung über die Methode der Fallbesprechung
4. Falldarstellung (ohne Zwischenfragen)
5. Fragen zum Fallverständnis
6. Klärung darüber, wie die Perspektive der Familie/des jungen Menschen Platz findet
7. Ideenbörse/Brainstorming (alle denkbaren Ansatzpunkte für mögliche Unterstützungen werden ohne Kommentare gesammelt)
8. Konkretisierung der gesammelten Lösungsideen bzw. Bestimmung möglicher Vorgehensweisen und Vereinbarung weiterer Schritte
9. Zusammenhang zwischen Fall, Stadtteil und fallunspezifischen Ressourcen wird reflektiert und dokumentiert

Neben diesen Verfahrensschritten stellt der Hilfekontrakt den wesentlichen fachlich-methodischen Baustein dar, nicht nur aufgrund der gesetzlich vorgegebenen Notwendigkeit. Der als Kontrakt ausgehandelte Hilfeplan stellt für alle beteiligten Fachkräfte und Familienmitglieder für die von den Adressat/innen erarbeitete Veränderungsrichtung die zentrale Lösungswegekarte hin zu einem selbstbestimmteren, gelingenderen Alltag dar. Durch klare und spezifische, realistische und damit realisierbare sowie idealerweise eigeninitiierbare Handlungsschritte werden die gewollten Veränderungen hin zu einem „Stattdessen" planbar.

Neben dieser einzelfallbezogenen Perspektive hat das SFT insbesondere auch die sogenannte einzelfallunspezifische Arbeit im Fokus. Einzelfallunspezifische Arbeit wird zumeist als die eigentliche sozialräumliche Komponente im Handlungsrepertoire der im Bereich der Hilfen zur Erziehung tätigen Sozialarbeiter/innen verstanden (Bestmann 2013).

Das hier vorgestellte kommunale Modell der Hilfen zur Erziehung zeichnet sich durch einen im Laufe der Jahre weiterentwickelten und aktualisierten Rahmenvertrag aus, in dem sowohl die strukturellen und prozessualen Aspekte der Hilfeplanung und -durchführung als auch die fachkonzeptionellen Leitlinien klar beschrieben sind. Auch Funktion und Aufgaben des SFT werden hier geklärt: So sollen sich die Lösungsideen und Vorschläge des SFT stets an den fachlichen Leitlinien der Selbstbestimmung und Teilhabe der Leistungsempfänger/innen und an ihren Veränderungsanliegen orientieren. Im Konkreten bedeutet dies,

- professionelle Eingriffe ins Beziehungsgefüge nur dort vorzunehmen, wo sie auch gewollt/nötig sind,
- den Leistungsauftrag einzugrenzen und zu spezifizieren,
- eine Leistung durch Ziel- und Mittelgenauigkeit zu verbessern,

- Beziehungen, wenn möglich, zu erhalten,
- an Stärken und Ressourcen der Adressat/innen anzuknüpfen,
- an den Willen und den Vorstellungen der Betroffenen anzuknüpfen,
- den Verbleib des Kindes in einer geeigneten Einrichtung zu unterstützen und inklusive Entwicklung zu fördern,
- Ressourcen des Stadtteils und des sozialen Umfelds für die individuelle Unterstützung zu mobilisieren
- und die Leistungen im Lebensumfeld bzw. wohnortnah durchzuführen.

2. Dialogisch-partizipative Fallberatungen

Alice Salomon, eine der zentralen Pionierinnen der Sozialen Arbeit, formulierte bereits zu Beginn des 20. Jahrhunderts zu den Voraussetzungen einer erfolgreichen Interaktion in der Wohlfahrtspflege:

> „Manchmal kann man einem Menschen nur helfen, indem man ihn von den Einflüssen einer ungeeigneten Umgebung und von seinen Hemmungen freimacht. Aber auch das ist nur möglich, sofern der Betreffende die Hilfe wünscht. Niemand kann für einen anderen leben oder sterben. Niemand kann auch für einen anderen Menschen die Anpassung an die Lebensumstände vornehmen oder eine einzige Gewohnheit des anderen ändern. Niemand kann einen anderen dadurch stark machen, dass er für diesen anderen arbeitet. Niemand kann ihn dadurch zum Denken veranlassen, dass er für den anderen denkt. Das Glück, das ein Mensch sich erwirbt, hängt im Wesentlichen von ihm selbst ab. Ein Mensch wird verstümmelt, wenn er nicht für sich selbst zu sorgen und einzustehen hat. Wesentliche Kräfte gehen ihm dadurch verloren. Was

ein Mensch für sich selbst erarbeitet, erreicht und tut, hat ganz andere Wirkungen für sein Wohlergehen als alles, was für ihn getan werden kann. Alle Möglichkeiten, die sich uns bieten, alle Ratschläge, die wir erhalten, nutzen uns nichts, sofern wir sie nicht nutzen wollen. [...] Ein Eingreifen ohne oder gegen den Willen eines Menschen ist nur dann berechtigt, wenn er bewiesen hat, dass er unfähig ist, allgemein als wesentlich anerkannte Aufgaben zu erfüllen, wenn er seine Kinder vernachlässigt oder gefährdet, wenn er Leben und Gesundheit anderer bedroht" (Salomon 1928, 29 f.).

In einer Region unserer Beispielkommune wurde bereits im Jahr 2005 mit einer deutlich stärkeren und maßgeblich aktiven Partizipation der Adressat/innen im oben benannten SFT experimentiert. Entsprechend der vor über neunzig (!) Jahren formulierten Leitlinien von Alice Salomon sollte auch in diesem Fachkräftegremium möglichst *mit* statt *über* Familien gesprochen werden, sollte von Beginn an *mit* und nicht *für* Familien gearbeitet werden, sollte die Konzeptklausel, dass die Familienmitglieder die eigentlichen Experten und Expertinnen für ihre Lebenswelt sind, ernstgenommen und so eine enge Einbindung von Familien in den gesamten Hilfeprozess ermöglicht werden. Zugleich ermöglicht dieses Verständnis einen authentischeren und ungefilterteren Eindruck von Familien und Fachkräften, und zwar gegenseitig und gleichzeitig.

In den Anfängen dieser Experimentierphase wurden nur sehr wenige ausgewählte und wohl überlegte Fallausgangskonstellationen für das Verfahren einer dialogisch-partizipativen Fallberatung vorgesehen. Mittlerweile wurde dieses Verfahren in vielen Regionen übernommen und es finden bis zu 70 % der Falleingaben und -beratungen unter aktiver Beteiligung von Familien(mitgliedern) und weiteren Beteiligten statt. So gibt es inzwischen Familien, Jugendliche und junge Erwachsene, die schon mehrfach in diesem Fallberatungsgremium aktiv mitgewirkt haben und gemeinsam mit den Fachkräften über ihre Fragestellungen diskutiert haben. Für manche Familien und Jugendliche ist dieses Fallberatungsteam zu einem bereits bekannten und hilfreichen Ort der Ideenfindung geworden.

3. Wie geht das nun konkret?

Wie die allermeisten partizipativen Verfahren zeigt sich die dialogisch-partizipative Fallberatung als ein sehr anspruchsvolles professionelles Handeln, das jeder beteiligten Fachkraft ein hohes Maß an Kollegialität, Flexibilität und Reflexionsfähigkeit abverlangt. In der Vorbereitung zu einer partizipativ-kollegialen Fallberatung klärt die fallverantwortliche Fachkraft mit der Familie[1] die Ausgangssituation und nutzt die üblichen Instrumente (Geno- bzw. Soziogrammarbeit, Problembeschreibung, bisherige Lösungsversuche etc.), um gemeinsam eine konkrete Auftragsklärung zu erarbeiten.

Grundlage sind hierbei wiederum die Ziele und Hilfewünsche der unterschiedlichen Beteiligten des Familiensystems, auf deren Grundlage eine konkrete Fragestellung – die Aufmerksamkeitsrichtung – herausgearbeitet und möglichst gemeinsam mit der Familie formuliert wird. Auch hier lebt das Verfahren nicht nur von aktiver Beteiligung der Familie, sondern von der Perspektivenerweiterung, die erreicht wird, indem bei weiteren Falleingaben im Hilfeverlauf die Herausarbeitung von Ausgangssituation und Fragestellung in Verantwortungsgemeinschaft mit der zuständigen Fachkraft des HzE-Trägers geschieht. Ebenfalls gemeinsam mit der Familie wird

1 Hier wird wie bei anderen partizipativen Verfahren von einem erweiterten Familienbegriff ausgegangen, analog zum Begriff der „Family-Group-Conferences“.

geklärt, wer neben den Fachkräften teilnimmt und von der Familie somit als relevante Person benannt wird. Dies können neben Familienmitgliedern beispielsweise Freund/in, Nachbar/in, Pfarrer/in sein. Es kann aber auch nur die/der Jugendliche alleine sein, die/der um Hilfe bittet.

Neben den inhaltlichen Aspekten müssen die formalen und organisatorischen Rahmenbedingungen gemeinsam abgestimmt werden: Wie viele Fachkräfte sitzen am Tisch? Wer hat welche Funktion? Wie ist der zeitliche Rahmen? Benötigen wir eine Kinderbetreuung? In Fallberatungen, die gemeinsam mit Familien stattfinden, sollen nicht zu viele Fachkräfte beteiligt sein, bewährt hat sich eine Anzahl von drei bis vier Personen zusätzlich zur falleinbringenden Fachkraft. Langjährig nach dieser Methode arbeitende Fachkräfte betonen darüber hinaus, wie wichtig ein gutes gemeinsames Einstimmen auf die jeweilige Familie im stadtteilbezogenen Fachkräfteteam ist. Dies kann über ein zwei- bis dreiminütiges Briefing seitens der fallführenden Fachkraft erfolgen.

Im Beratungsverlauf ist es eine Aufgabe der fallführenden Fachkraft des Jugendamtes, die Verantwortlichkeiten zu klären und dafür zu sorgen, dass das Prozedere der Unterstützung der Adressat/innen dient, ihre Grenzen gewahrt werden und die Fachkraft notfalls situativ die Notbremse ziehen kann.

Der Verfahrensablauf ähnelt dem zuvor beschriebenen SFT-internen Gespräch:

1. Fallvorstellung durch Fachkraft und/oder Familie i.d.R. auf Grundlage der gemeinsam erstellten schriftlichen Falleingabe
2. Nachfragen
3. Eventuell Methodenwahl
4. Ggf. Hypothesenbildung und -sammlung

5. Ressourcen-Check
6. Unkommentierte Ideensammlung
7. Diskussion der Ideen/Rückmeldung der Familie
8. Gewichtung und Konkretisierung
9. Vereinbarung der nächsten Schritte
10. Verabschiedung der Familie und Nachbereitung

Der unmittelbaren Nachbereitung einer jeden Fallberatung muss genügend Raum gegeben werden für ein kurzes Blitzlicht im Fachkräfteteam, gefolgt von der permanenten Reflexion und gemeinsamen Weiterarbeit im Rahmen von Teamentwicklungs- bzw. Klausurtagen und Ähnlichem.

Dieser grundsätzliche Verfahrensablauf impliziert aufgrund des partizipativen Elementes, dass es kein wirklich standardisiertes Vorgehen geben kann. In jedem Einzelfall wird vorab mit der Familie und zu Beginn der Fallbesprechung gemeinsam abgestimmt, wie welche Verfahrensschritte durch wen umgesetzt werden, um für die Familie auch wirklich passgenau und hilfreich zu sein. Wie im Grunde bei jeder Beratungsform ist ein als positiv zu wertender Gelingensfaktor ein zwischen den Klient/innen und der fallverantwortlichen Fachkraft bestehendes neutrales bzw. tendenziell positiv eingestimmtes Beratungsverhältnis. Gute Voraussetzungen für eine gelingende partizipative Fallberatung sind außerdem eine intrinsische Motivation zur Veränderung, eigenaktive Mitarbeit, Lernbereitschaft sowie die sprachlichen, kognitiven und emotionalen Grundbedingungen.

Ausschlusskriterien hingegen können sein: ein angespanntes Beratungsverhältnis, bestimmte familiäre Tabuthemen, wenn für Beteiligte ein „Vorführeffekt“ zu befürchten ist oder akutes und/ oder hoch strittiges Konfliktpotenzial. Als eher ungeeignet erweist sich eine geringe Motivation bzw. Veränderungsbereitschaft der beteiligten Akteur/innen. Auch eine akut oder situativ auftretende schlechte Tagesform der Familienangehörigen kann zumindest zu einer Verschiebung oder Anpassung der dialogisch-partizipativen Fallbesprechung führen.

Um noch einmal den historischen Blick zu nutzen: Salomon betonte bereits 1928 die Wichtigkeit der Fachkraft und ihrer Persönlichkeit, denn der „Erfolg hängt von dem Einfluss ab, den die Persönlichkeit des Wohlfahrtspflegers ausübt. Dies ist das wesentliche Hilfsmittel" (Salomon 1928, 60). In einem ernsthaft partizipativen Verfahren, das die Eigenkräfte eines Familiensystems (wieder) nutzbar machen will, hat ein Ressourcenfokus der Fachkraft oberste Priorität. Dies meint nicht ein allein technisiertes Verfahrensverständnis, wie es häufig in der Praxis umgesetzt wird, wenn Klient/innen Stärkenbäumchen bepacken oder eine Schatzkarte erstellt wird, um eher formal eine Anzahl von Ressourcen abzufragen, um sich dann doch wieder auf das Problem und die Bearbeitung der Defizite zu konzentrieren. In der fachlichen Tradition Salomons und einem dialogisch-mäeutischen Interaktionsverständnis (Weber 2005) braucht es einen ernsthaften Perspektivwechsel, der nur durch

- Reflexion der eigenen Persönlichkeitsanteile einer Fachkraft möglich werden kann
- und nur durch ein ernsthaft geäußertes Interesse an den Menschen in ihren jeweiligen Lebenslagen sowie
- einen wertschätzenden Fokus auf die Momente des Gelingens und Bewältigens in noch so schwierigen und herausfordernden Ausgangssituationen herzustellen ist.

4. Und was bringt all das und für wen?

Unstrittig ist: Auf den ersten Blick scheint ein partizipatives Vorgehen mit deutlicher Mehrarbeit verbunden zu sein, und zwar sowohl auf Seiten der Familienbeteiligten als auch der professionell involvierten Akteur/innen. Umso mehr stellt sich die Frage, wer von diesem Mehreinsatz eigentlich welchen Nutzen hat.

4.1 „Dass Sie alle wegen uns hier sind!“ – Nutzen für die Adressat/innen

Zunächst ist ein ausgesprochen hilfreicher Aspekt, dass sich alle am weiteren Hilfeprozess beteiligten Akteur/innen direkt und persönlich kennenlernen, mögliche Vorurteile werden abgebaut und gegebenenfalls sogar Ängste leichter dekonstruierbar. Durch die ungefilterte Begegnung von Fachkräften des zuständig werdenden Jugendhilfeträgers und der Familie wird der Eindruck, den alle an diesem Beratungsverfahren teilnehmenden Personen voneinander erhalten, deutlich realistischer.

Als sehr bedeutsam für die beteiligten Akteur/innen aus dem Familiensystem erscheint die spürbare Anerkennung ihrer jeweiligen Expertise in der eigenen Lebensweltwirklichkeit. So erlangen die Adressat/innen durch die unmittelbare und aktive Partizipation selbst einen neuen auf sich selbst und ihr Alltagsleben gerichteten Ressourcenblick. Dieser deutliche und in vielen Ausgangslagen für die Menschen ungewöhnliche Perspektivwechsel befördert eine erweiterte Reflexionsoption der Adressat/innen im jeweiligen Problemkontext. Sie müssen sich nicht rechtfertigen oder erklären, sondern erleben neugierig interessierte Fachkräfte als Gegenüber.

Die meisten Familien erleben es darüber hinaus als sehr wertschätzend, dass sich so viele Fachkräfte für sie und mit ihnen an einen

Tisch setzen, und sie sprechen das auch aus. Zudem erfahren Familien im dialogisch-partizipativen Fallberatungssetting ein hohes Maß an Transparenz behördlichen Handelns und behördlicher Entscheidungswege, wirken an Entscheidungen mit und nutzen Freiräume der Selbstverantwortung (vgl. Straßburger/Rieger 2019).

Zugleich werden die Funktionsrollen sehr klar gesetzt: Die Menschen selbst sind die eigentlichen „Produzent/innen" der Veränderung und haben die Hoheit über die Gestaltung ihres biografischen Verlaufs. Sie arrangieren eigenaktiv, wie ein gelingenderer Alltag aussehen muss, damit die Bewältigung ihres Lebens hilfreicher und sinnstiftender gestaltet werden kann. Die Aufgabe der Fachkräfte hingegen bleibt es, innerhalb der im Fallberatungsteam entwickelten Lösungsideen Ermöglichungskontexte zu kreieren, auf welchem Weg und mit welchen Mitteln diese Ziele realistisch und realisierbar werden.

4.2 Nutzen für die Fachkräfte

Die bereits erwähnte direkte „face-to-face"-Konstellation erweist sich auch für die beteiligten Fachkräfte als ausgesprochen hilfreich, insbesondere im Vergleich zur Fallberatung auf Grundlage der Beschreibungen der Jugendamts-Fachkraft. So entsteht eine unmittelbarere und realistischere Vorstellung vom Familiensystem. Zugleich wird so insbesondere beim beteiligten Jugendhilfeträger ein passgenaueres Matching für die im weiteren Hilfeverlauf eingesetzte Fachkraft ermöglicht. Insgesamt wird aus den bisherigen Praxiserfahrungen ein deutlich leichterer Einstieg nicht nur für die Adressat/innen, sondern ebenfalls für die dann involvierten Fachkräfte beschrieben.

Die direkte Transparenz des professionellen Handelns sowie die bereits benannte Klärung der jeweiligen Funktionsrollen im weiteren Hilfeverlauf erweisen sich auch für die Fachkräfte als ausgesprochen nützlich und nutzbar, sodass die Klient/innen von Beginn an in ihrer notwendigen Expert/innenrolle als eigenkräftige Mit-Akteur/innen verbleiben können.

Zugleich berichten Fachkräfte darüber, dass sie durch ein dialogisch-partizipatives Setting und die direkte Interaktion im Beisein der Adressat/innen darin unterstützt werden, die oben aufgeführten fachlich-konzeptionellen Leitziele nicht nur als normativen Appell zu formulieren sondern konkret im Arbeitsalltag umzusetzen.

Inzwischen – nach vielen Jahren des Experimentierens – berichten Fachkräfte des Jugendamtes von Zeitersparnis und Entlastung dadurch, dass die Familie im Stadtteilbezogenen Fachkräfteteam direkt für sich selbst spricht und nicht sie das für die Familie tun müssen.

5. „Was ist denn mit dem Kinderschutz?"

Das ist eine berechtigte Frage, sind doch die Lebenssituationen, in denen der Schutz eines Kindes nicht ausreichend durch die Eltern gewährt werden kann, für alle Beteiligten aufregend, anstrengend und zeitintensiv.

In den ersten Jahren des Experimentierens wurden diejenigen familiären Lebenssituationen, die im Allgemeinen als Kinderschutzfall bezeichnet werden, von diesem Verfahren ausgenommen. Mit wachsender Erfahrung wuchsen Mut und Zuversicht der Fachkräfte, zunehmend auch Fallbesprechungen mit Kinderschutzrelevanz im partizipativen Setting für alle Beteiligten gewinnbringend stattfinden zu lassen, wenn zumindest ein Teil der in Kapitel II.3. beschriebenen Voraussetzungen gegeben sind: Motivation zur

Veränderung, eigenaktive Mitarbeit, Lernbereitschaft, sprachliche, kognitive und emotionale Grundbedingungen.

Gerade im Kontext Kinderschutz sind einerseits Transparenz professionellen Handelns sowie Klarheit der gesetzlichen und erzieherischen Rahmenbedingungen und andererseits Wertschätzung der Adressat/innen und Ressourcenerkundung wichtig. Hierfür bietet die dialogisch-partizipative Fallberatung einen zielführenden methodischen Rahmen.

Außerdem muss betont werden, dass die Haltung gegenüber Familien mit einer Kinderschutzproblematik nicht anders sein darf als gegenüber denjenigen Familien, mit denen Jugendämter im Leistungsbereich zusammenarbeiten. Das Ziel echter, im Sinne aktiver Beteiligung von Familien muss das Ziel jeglicher sozialarbeiterischer bzw. sozialpädagogischer Intervention sein. Gleiches gilt für die Erkundung des Willens aller Familienmitglieder: Auch hier darf es keine Unterscheidung zwischen Kinderschutz und Leistungsbereich geben, oft wird hier der Unterschied zwischen „Zwangskontext" einerseits und „freiwilliger Inanspruchnahme von Hilfen" andererseits benannt.[2] Denn wodurch unterscheidet sich die Arbeit im Kinderschutz von der Arbeit ohne Kinderschutzrelevanz? Nur durch den Rahmen, der durch die Fachkraft des Jugendamts gesetzt werden muss, um die Gefährdung des Kindes abzuwenden. An der Gestaltung des Bildes, das innerhalb dieses Rahmens entsteht, sind grundsätzlich und immer die Familien maßgeblich zu beteiligen, auch wenn der Rahmen starr und breit und das zu gestaltende Bild eventuell eher klein ist.

Insofern ist es nur stringent, Familien auch im Kontext Kinderschutz aktiv am SFT zu beteiligen und hier ebenfalls dialogisch-

2 Zum Begriff des Zwangskontexts siehe beispielsweise Conen 2005, etwas irreführend dazu Lüttringhaus 2020.

partizipativ gemeinsam mit ihnen Optionen und Ideen zu generieren – innerhalb des von der fallführenden Fachkraft gesetzten Kinderschutzrahmens. Gerade in diesem Kontext, in dem durch massive behördliche Interventionen in das Leben und den Alltag von Familien eingegriffen wird, ist die Transparentmachung von Entscheidungswegen und die echte Beteiligung der Familie nicht nur äußerst hilfreich für den Hilfeprozess, sondern notwendig, um das Wohl der Kinder und Jugendlichen zu sichern.

Darüber hinaus gilt auch im Kontext Kinderschutz, dass Eltern grundsätzlich in erster Linie verantwortlich für das Wohl ihrer Kinder sind. Die staatliche Gemeinschaft wacht hierüber und interveniert lediglich dann, wenn Eltern weder alleine noch durch die freiwillige Inanspruchnahme von Hilfen eine gesunde Entwicklung ihrer Kinder in ausreichendem Maße sicherstellen können. Durch die regelhafte Einbindung auch dieser Eltern im Rahmen dialogisch-partizipativer Fallberatungen werden für den Kontext Kinderschutz ebenfalls die jeweiligen Funktionsrollen aller Beteiligten betont und Eltern in ihrer Verantwortung ernstgenommen und gefordert. So kann eine echte und offene gemeinsame Verantwortung von Fachkraft und Eltern oder Familie für die Sicherstellung des Kinderschutzes gelingen.

6. Anforderungen an Fachkräfte und Organisationen

Aus den bisherigen Ausführungen wird ersichtlich, dass die Umsetzung der handlungsleitenden Prinzipien in einem so gestalteten partizipativen Hilfeplanungs- und -umsetzungsprozess und damit auch in einer dialogisch-partizipativen Fallberatung sehr anspruchsvolle Interaktionskompetenzen der einzelnen Fachkräfte voraussetzt. Je nach Ausbildungshintergrund können bei den einzelnen Mitarbeitenden entsprechende theoretische sowie maßgeblich handlungsbezogen methodische Fertigkeiten vorhanden sein.

Bei der geplanten Einführung solcher partizipativen Verfahren in die konkreten Praxisbezüge etwa einer kommunalen Jugendhilfelandschaft erweisen sich gezielte Personalentwicklungsmaßnahmen in Form von Methodentrainings, Teamentwicklungsprozessen, Leitungskräftecoachings bis hin zu sogenannten Trainings on the Job als unabdingbar notwendig. In der Regel sind solche Maßnahmen ein gesetzter Bestandteil in einem organisationalen Veränderungsprozess einer Kinder- und Jugendhilfeorganisation, der mit einer fachkonzeptionellen Ausrichtung verbunden ist.

Es empfiehlt sich, einerseits die Trainingsgruppen in ihrer Zusammensetzung an den real existierenden Fallteams zu orientieren, da neben der reinen Wissensvermittlung dynamische Entwicklungsprozesse Gegenstand der Auseinandersetzung werden. Zugleich können teambezogene Aneignungs- und Adaptionsprozesse der verschiedenen methodischen Verfahrensweisen erprobt und umgesetzt werden, sodass für jedes Team in gewisser Weise ein passgenauer Umsetzungsprozess entsteht. Andererseits empfiehlt es sich aus diesem Aspekt heraus, die Trainingstage in ihrer thematischen Abfolge und methodischen Gestaltung gemeinsam mit den jeweiligen Teams entlang ihrer Interessen, ihrer bestehenden Ressourcen sowie arbeitsalltagsbezogener Erfahrungswerte abzustimmen und umzusetzen.

Hierbei ist es notwendig, dass die Trainer/innen die Ausrichtung der eher theoretischen Themen ebenso wie die handlungsbezogenen Prozesse ausschließlich am Arbeitsalltag der Mitarbeitenden ausrichten. Beispielsweise können mit realen und aktuellen Fallausgangslagen bestimmte methodische Verfahrensweisen auf ihre Praktikabilität hin trainiert, überprüft und angepasst werden.

Kurzum: Methodisch-didaktisch zeigt sich eine Orientierung an den Prinzipien einer dialogisch-partizipativen Gestaltung auch für die Trainingsprozesse als ausgesprochen gewinnbringend. Für die Trainer/innen bedeutet dies, dass sie selbst nicht nur über ein Wissen, sondern auch ein Können verfügen müssen; sämtliche Kompetenzen, die das Fachkonzept Sozialraumorientierung von den Fachkräften erwartet, müssen die Trainer/innen also in ihrem eigenen Prozess der Personalentwicklung einbringen.

Bei der Gestaltung solcher Begleitprozesse und je nach fachkonzeptioneller Ausgangslage der jeweiligen Jugendhilfeorganisationen besteht zumeist ein Bedarf an mindestens vier bis sechs Tage andauernden Trainingsprozessen, die durchaus über einen längeren Zeitraum gestreckt werden sollten. Dies beinhaltet die große Chance, dass die Mitarbeitenden die Inhalte im konkreten Alltag anwenden und erproben können und hierdurch reale Erfahrungswerte in den Trainingsprozess rückkoppeln. So werden entgegen klassischer und individualisierter Fortbildungen, die in der Regel viele Erkenntnisse während der Fortbildung bringen, aber einen geringen Nachhaltigkeitstransfer ergeben, eher Trainingsprozesse angeregt, die eine nachhaltige Veränderung des Arbeitsalltages ermöglichen.

Organisationssystemisch besteht eine deutliche Wechselwirkung zwischen handlungsmethodischen Verhaltensweisen der Fachkräfte und fachkonzeptionellen Verhältnissen der Organisation(en). Wenn eine Fachkraft sich noch so versiert im Umgang mit Handlungs- und Interaktionskompetenzen zur Umsetzung partizipativer Prozesse zeigt, wird sie auf Dauer scheitern, wenn die Organisations- und Steuerungslogik diese Leitprinzipien nicht unterstützt. Dies bedeutet, dass neben solchen Personalentwicklungsmaßnahmen zugleich eine Organisationsentwicklung, zumindest eine kritische Reflexion bis hin zur Neugestaltung der Steuerungsprozesse realisiert werden muss.

Zugleich sollten solche Organisationsentwicklungsmaßnahmen partizipativ und ressourcenbezogen umgesetzt werden, sodass die Mitarbeitenden Hinweise geben können, wie sich die Arbeit im Alltag gelingender und hilfreicher umsetzen lässt. Für manch eine Beratungsfirma mag ein solches beteiligendes und die Mitarbeitenden als Expert/innen ihres Arbeitsalltags ansehendes Vorgehen befremdlich sein. Auch in der Gestaltung der Organisationsentwicklung und des Personalmanagements ist die konsequente Anwendung der fünf Prinzipien des Fachkonzepts SRO (vgl. Kap. I.2. f.) ausgesprochen notwendig und hilfreich.

Die große Herausforderung für die beteiligten Fachkräfte, die im Rahmen solcher dialogisch-partizipativer Fallberatungen zusammenarbeiten, ist immer und immer wieder, sich permanent zu hinterfragen, zu lernen und im Austausch miteinander zu sein – sowohl innerhalb der eigenen Organisation und des eigenen Regionalteams als auch organisationsübergreifend. Es ist zwingend erforderlich, hier kontinuierlich Zeit und Raum vorzuhalten, um Austausch, gemeinsames Lernen und Weiterentwicklung zu ermöglichen.

7. Weitere Verfahrensweisen und Settings direkter Partizipation und Ausblick

Eine der zentralen Weiterentwicklungsnotwendigkeiten in der Sozialen Arbeit und damit auch in der Kinder- und Jugendhilfe liegt in der Erhöhung der aktiven Partizipation der Adressat/innen, um diese von zu behandelnden Betroffenen in den Modus von eigenständig handelnden Beteiligten zu bringen. Nach dem Fachkonzept SRO wird jedes (!) Handeln der professionellen Akteur/

innen konsequent an der Leitlinie „mit und nicht für die Menschen" ausgerichtet. Dies entspricht traditionellen Linien einer emanzipatorischen und partizipativen Sozialen Arbeit. Durch ein konstruktivistisch-lösungsfokussiertes Verständnis (Shazer/Dolan 2008) wird die Selbstorganisation der Menschen im Alltag befördert, statt ihre professionelle Entmündigung zu managen. Das Zulassen von Eigeninitiative und Selbsthilfe wird durch entsprechende praxisbasierte Ansätze sowohl im professionellen Setting als auch in der Gestaltung der Interaktion durch passgenaue Verfahrensweisen befördert.

Das hier vorgestellte und stets weiterentwickelte Verfahren einer dialogisch-partizipativen Fallberatung reiht sich ein in weitere partizipative Umsetzungsformen wie den Familienrat oder weitere Netzwerkverfahren (Früchtel/Roth 2017), die direkte Einbeziehung von sogenannten Erfahrungsexpert/innen in die Hilfeerbringungsprozesse (Jahnke 2014), in trialogische Ansätze aus der Sozialpsychatrie (Bombosch/Hansen/Blume 2004) oder das „Signs of Safety"-Verfahren im Kinderschutz (Roessler 2012). Zugleich liegt hier ein noch ungehobener Schatz an Erkenntnissen, die idealerweise durch partizipative Praxisforschungen (Wright/Unger/Block 2010) zugänglich gemacht werden können.

III. Perspektiven – Quo vadis ASD?

Die teilweise bereits lange Zeit bestehenden sowie aktuell dazugekommenen Diskurse um mögliche und auch faktische Einflüsse auf die Organisation, die Arbeitsabläufe und vor allem auch die Professionsidentität des Kommunalen Sozialdienstes sind vielfältig. Da ist die Rede von

- Fachkräftemangel,
- zu hohem Aufkommen an Fallzahlen,
- nach wie vor drückenden Kosteneinsparungen,
- für manche als bedrohlich wahrgenommener Digitalisierung,
- einer anwachsende Dokumentationsflut und bürokratischen Absicherungskontrolle,
- den seit Bestehen des SGB VIII erfolgenden Abwägungen zu Inklusion und Teilhabe,
- nicht enden wollender Kooperationsausbaunotwendigkeit bei gleichzeitigen Diskursen über Kernaufgaben, Verantwortlichkeiten und Schnittstellen bzw. zu Spezialisierungen versus Generalistik,
- der immer wieder aufkommenden Thematik des Images und der Außenwirkung,
- Spannungsfeldern zu Diagnostik, wirkungsorientierter Steuerung, Garantenpflicht, Partizipation
- und – wie sollte es anders sein – immer wieder vom Kinderschutz!

Wie Biesel und Schrapper (2018) es kürzlich vorgeschlagen haben, sollte der Diskurs über eine „Zentrale für gelingendes Aufwachsen“ stattfinden. Merchel hingegen konstatiert seit Jahren, dass „der ASD zwischen regionaler Diversität und einheitlichem Profil“ (Merchel 2019, 458) seine Balance finden sollte. Der ASD hat selbstverständlich mehr Aufgaben als die zuvor exemplarisch dargelegten partizipativ ausgerichteten Begleitprozessgestaltungen im Bereich der Hilfen zur Erziehung.

„Der ASD als kommunale Organisationseinheit ist mit seinen vielfältigen Aufgabenbereichen und Zuständigkeiten,Basisdienst' vor allem für Kinder, Jugendliche und ihre Familien in den jeweiligen räumlich definierten Bezirken. Zum Aufgabenprofil gehören insbesondere die sozialpädagogische Beratung, die Krisenintervention, der Kinderschutz (einschließlich Gefährdungseinschätzung und Inobhutnahme), die Mitwirkungen im familien- und jugendgerichtlichem Verfahren (einschließlich Anträge zu Sorgerechtsregelungen/Umgangsregelungen), die Beratung in Fragen des Familienrechts, die Planung, Vermittlung und Kontrolle von Erziehungshilfen und die Mitgestaltung der Daseinsfürsorge im Sozialraum sowie die Kooperation mit Trägern der freien Jugendhilfe und Controllingaufgaben im Rahmen der Budgetverantwortung" (AGJ 2014, 5).

Bei all diesen Verantwortungsbereichen bleibt deutlich zu betonen, dass der ASD dabei nicht auf die Funktion eines Zubringerdienstes für leistungserbringende Träger reduziert werden darf. Die sozialrechtlichen Begrifflichkeiten bilden den Arbeitsalltag der Fachkräfte in seiner Breite und Vielfalt bedauerlicherweise nicht exakt ab. Als leistungsgewährende Verwaltung gestaltet und erbringt der ASD zugleich selbst Beratungsleistungen in hoher fachlicher Professionalität.

Logische Konsequenz muss eine Stärkung des ASD sowohl quantitativ durch einen ausreichenden Personalschlüssel und eine leistungsadäquate Vergütung als auch qualitativ durch sozialarbeiterische Aus- und Weiterbildung sein. Aus fachlicher Sicht hat der ASD maßgeblich die Aufgabe der Beratung und Unterstützung und damit zugleich eine inhaltliche Steuerungsaufgabe statt eines reinen Fallvergabemanagements, das durch Fall- und Finanzcontrolling angereichert wird.

Die oben benannten pragmatischen Veränderungsoptionen und ableitbaren Ziele für einen gelingenderen und selbstbestimmteren Alltag im Einzelfall herauszuarbeiten, ist eine primär hoheitliche Aufgabe der Fachkräfte im ASD. Dies dient im Übrigen auch dem Schutz der Bürger/innen vor einer möglichen, wie auch immer intendierten Klientifizierung. Nach wie vor lösen ja eher die Beschreibungen und Bearbeitungen von sogenannten Problemen die entsprechende Refinanzierung von sozialarbeiterischen Leistungen bei freien Trägern aus, was durchaus eine riskante Falle darstellen mag.

Es bedarf daher nicht noch mehr flexibler Angebote einzelner Träger. Hilfreich erscheinen hingegen sozialraumbezogene Leistungserbringer/innen (im Verbund), die das Portfolio der Kinder- und Jugendhilfe (und darüber hinaus) möglichst umfassend zugänglich machen. Ein solcher sozialraumbezogener Träger(-verbund) mit einer breiten und die isolierte Fachspezifik übergreifenden Handlungsfeldkompetenz verfügt über einen planungssichernden Finanzierungsrahmen, der auf die diversen Kinder- und Jugendhilfebereiche bezogen durchlässig ist. Aus diesem Finanzierungsrahmen werden zugleich die einzelfallbezogenen Rechtsansprüche finanziert als Hilfen zur Veränderung des Lebensalltags. Der Träger kann so aufgrund der finanziellen Flexibilität profi(t)freie Lebenswelten und Bereiche stärken, die eher proaktiv wirken und beispielsweise eher den Regeleinrichtungen entsprechen (Groppe/Noack 2014).

Eine partizipativ ausgerichtete und sozialraumbezogene Fallarbeit im ASD richtet die Einzelfallarbeit nicht maßgeblich aus normativ-ethischen, sondern schlicht aus pragmatischen Gründen partizipativ und sozialraumbezogen aus. Passgenaue Interventionen führen zu deutlichen Entlastungen in der Alltagsbewältigung sowie zu einer wachsenden Stabilisierung. Die zu planenden Maßnahmen werden entlang der Interessen und Potenziale gemeinsam mit den Adressat/innen abgestimmt. Ein wesentlicher Gelingensfaktor liegt darin, Zugänge zu eher lebensweltlichen Unterstützungsangeboten sichtbar und erreichbar zu machen, möglichst im direkten sozialräumlichen Umfeld der Menschen.

Der ASD wirkt dabei als eine intermediäre Instanz, die mit ihrer Expertise die verschiedenen notwendigen Fachkräfte sowie darüber hinausgehend lebensweltliche Akteur/innen und Ressourcen in ein kooperatives Handeln im jeweiligen Sozialraum bringt. Diese sozialräumliche und einzelfallunabhängige Ermöglichungsarbeit wird geradewegs voraussetzend für die Einzelfallarbeit. Soziale Arbeit als personenbezogene Dienstleistung ist dabei eine im Spannungsfeld zwischen Individuum und Gesellschaft arbeitende Profession. Sie wirkt am Verhalten der Adressat/innen und zugleich an den Verhältnissen des Sozialen Raums. Genau das ist ja das Originäre an der Profession Sozialer (!) Arbeit.

Wie ausgeführt, wird der Sozialraumbezug – gleichsam als Bühne des Alltagsgeschehens – zur Steuerungsgröße der professionell koordinierten Kooperation. Die verschiedenen Fachexpertisen werden so aus ihrer nebeneinandergelegten Isolierung in ein synergetisches und abgestimmtes Zusammenwirken geführt. Eine dabei notwendige lernende ASD-Verwaltungsorganisation ist stets eine lebendige, neudeutsch formuliert agile Organisation, die sich – gestärkt durch einen verbindlichen und gemeinsam getragenen Rahmen fachlicher Qualitätsziele – in einem steten Wandel befindet.

Die kollaborative Managementtheorie setzt auf das Zusammenwirken vieler verschiedener Expertisen in einem kooperierenden Teamkontext. Dieses Kommunikations- und Potenzialmanagement benötigt flache und eher dezentrale Gestaltungsstrukturen. Planabweichungen werden zum unabdingbaren Bestandteil einer lebendigen Prozessgestaltung in komplexen alltagsbezogenen Kontexten. Eine solche Organisation fördert die lebendige Kommunikation (statt starrer und erprobter Rituale) sowie eine aktive und ergebnisoffene Partizipation (statt einer aktivierenden Ergebnisorientierung) und kommuniziert durch eine Lösungssprache (statt Problemtrance), die durch kleine, konkrete Veränderungen im realen Alltagsbezug zu bemerkbaren (und damit wirksamen) Veränderungen führt.

Eine zentrale Managementaufgabe ist die Konstruktion und nachhaltige Statik solch kommunikativer Lösungs- und Ermöglichungsräume. Ressourcenfokussierung und das Explorieren des Gelingenden sowie eine wertschätzende Kultur sind dabei das geschmeidige Öl im kommunikativen Getriebe eines organisationalen Veränderungsmotors. Die traditionelle machtorientierte Hierarchie blockiert in der Regel schnelles, angstfreies und damit experimentierfreudiges sowie fließendes Wissen und Gestalten.

Die Kollegin des zu Beginn benannten Jugendamtes mit ihrem Fachverständnis einer lebensweltorientierten, alltagsbezogenen sowie partizipativen und die Eigenkräfte des Familiensystems bestärkenden Sozialen Arbeit benötigt folglich einen Handlungskontext, der ihr das ermöglicht! Partizipation und Sozialraumbezug, nach dem beschriebenen Verständnis umgesetzt, ergeben ein anspruchsvolles, theoretisch und handlungspraktisch fundiertes Fachkonzept. Die Implementierung einer solchen Professionalität erfordert eine systematisierte Personalentwicklung. Nicht nur die Mitarbeitenden, die in direkter Interaktion mit den Adressat/

innen Sozialer Arbeit stehen, sondern auch die Führungskräfte benötigen eine hohe fachliche Expertise, die in der Regel durch am jeweiligen Arbeitskontext ausgerichtete Trainingsprozesse unterstützt werden muss.

Gleichwohl wird dies erst nachhaltig wirksam, wenn der organisationale Rahmen ein solches professionelles Handeln überhaupt zulässt und ermöglicht. Nur mündige Fachkräfte können eine partizipative sowie adressat/innenorientierte Soziale Arbeit in einem demokratischen Gemeinwesen realisieren. Der ASD ist dabei auf kommunaler Ebene ein entscheidender Motor, um die Lebensqualität *aller* Bürger/innen wieder in den Fokus der kommunalen Sozialpolitik zu rücken.

Literatur

AGJ – Arbeitsgemeinschaft für Kinder- und Jugendhilfe (2014): Kernaufgaben und Ausstattung des ASD – Ein Beitrag zur fachlichen Ausrichtung und zur Personalbemessungsdebatte, Berlin.

Baecker, Dirk (1994): Postheroisches Management. Ein Vademekum, Berlin.

Bestmann, Stefan (2016): Im Wechselwirkungsgefüge von Fall und Feld. Sozialraumorientierung als zentrales Fachkonzept Sozialer Arbeit?, in: Heimgartner, Arno/Lauermann, Karin/Sting, Stephan: Fachliche Orientierungen und Realisierungsmöglichkeiten in der Sozialen Arbeit, Wien, S. 119–136.

Bestmann, Stefan (2013): Finden ohne zu suchen. Einzelfallunspezifische Arbeit in der sozialräumlichen Kinder- und Jugendhilfe, Wiesbaden.

Biesel, Kay/Schrapper, Christian (2018): Das Jugendamt der Zukunft. Zentrale für gelingendes Aufwachsen oder Kinderschutzamt?, in: Böwer, Michael/Kotthaus, Jochem (Hrsg.): Praxisbuch Kinderschutz. Professionelle Herausforderungen bewältigen, Weinheim, S. 422–448.

Bombosch, Jürgen/Hansen, Hartwig/Blume, Jürgen (2004): Trialog praktisch. Psychiatrie-Erfahrene, Angehörige und Professionelle gemeinsam auf dem Weg zur demokratischen Psychiatrie, Neumünster.

Braak, Jens (2011): Zufallstreffer. Vom erfolgreichen Umgang mit dem Unplanbaren, Zürich.

Budde, Wolfgang/Früchtel, Frank/Hinte, Wolfgang (Hrsg.) (2007): Sozialraumorientierung. Wege zu einer veränderten Praxis, Wiesbaden.

Conen, Marie-Luise (2005): Zwangskontexte konstruktiv nutzen, in: PiD – Psychotherapie im Dialog 2-2005, S. 166–169.

Foerster, Heinz von/Pörksen, Bernhard (2006): Wahrheit ist die Erfindung eines Lügners, Heidelberg.

Früchtel, Frank/Roth, Erzsébet (2017): Familienrat und inklusive, versammelnde Methoden des Helfens, Heidelberg.

Fürst, Roland/Hinte, Wolfgang (Hrsg.) (2014): Sozialraumorientierung. Ein Studienbuch zu fachlichen, institutionellen und finanziellen Aspekten, 3., akt. Aufl., Wien.

Groppe, Johannes/Noack, Michael (2014): Zur Finanzierung sozialraumorientierter Arbeit, in: Fürst/Hinte 2014, S. 267–290.

Haken, Hermann/Schiepek, Günter (2010): Synergetik in der Psychologie. Selbstorganisation verstehen und gestalten, 2., korr. Aufl., Göttingen.

Hinte, Wolfgang (2008): Sozialraumorientierung: ein Fachkonzept für Soziale Arbeit, Fulda. Vortrag auf einem Fachtag der Stadt Fulda am 28. Mai 2008, S. 1–20.

Hinte, Wolfgang/Treeß, Helga (2007): Sozialraumorientierung in der Jugendhilfe. Theoretische Grundlagen, Handlungsprinzipien und Praxisbeispiele einer kooperativ-integrativen Pädagogik, Weinheim.

Jahnke, Bettina (2014): EX-IN Kulturlandschaften. Zwölf Gespräche zur Frage: Wie gelingt Inklusion?, Neumünster.

Krammer, Ingrid/Punkenhofer, Sonja (2014): Sozialräumliche Finanzierung in der Grazer Kinder- und Jugendhilfe, in: Fürst/Hinte 2014, S. 244–253.

Lash, Scott (1996): Expertenwissen oder Situationsdeutung? Kultur und Institutionen im desorganisierten Kapitalismus, in: Beck, Ulrich/Giddens, Anthony/Lash, Scott (Hrsg.): Reflexive Modernisierung – eine Kontroverse, Frankfurt a.M., S. 338–364.

Lüttringhaus, Maria (2020): Arbeitsbereiche in der Kinder- und Jugendhilfe, https://luettringhaus.info/wp-content/uploads/2020/05/LuettringHaus_Infografiken_Arbeitsbereiche.pdf (7. Juni 2020).

Merchel, Joachim (2019): Fachliche und fachpolitische Perspektiven. Der ASD zwischen regionaler Diversität und einheitlichem

Profil, in: Merchel, Joachim (Hrsg.): Handbuch Allgemeiner Sozialer Dienst (ASD), 3., akt. u. erw. Aufl., München, S. 458–463.

Olk, Thomas (1986): Abschied vom Experten. Sozialarbeit auf dem Weg zu einer alternativen Professionalität, Weinheim.

Pluto, Liane (2007): Partizipation in den Hilfen zur Erziehung. Eine empirische Studie, München.

Roessler, Marianne (2012): Der Signs of Safety-Ansatz. Ein stärken- und ressourcenbasierter Ansatz für Kinderschutz und Gefährdungsabklärung, in: SiO – Sozialarbeit in Österreich 3-2012, S. 37–41.

Salomon, Alice (1928): Leitfaden der Wohlfahrtspflege, Wiesbaden.

Sandner-Koller, Edith (2012): Hilfeplanung im Rahmen sozialräumlicher Arbeit, in: SiO – Sozialarbeit in Österreich 1-2012, S. 17–19.

Schäuble, Barbara/Wagner, Leonie (Hrsg.) (2017): Partizipative Hilfeplanung, Weinheim, Basel.

Senge, Peter M. (2011): Die fünfte Disziplin. Kunst und Praxis der lernenden Organisation, 11., völlig überarb. u. akt. Aufl., Stuttgart.

Shazer, Steve de/Dolan, Yvonne (2008): Mehr als ein Wunder. Lösungsfokussierte Kurztherapie heute, Heidelberg.

Straßburger, Gaby/Rieger, Judith (2019): Partizipation kompakt. Für Studium, Lehre und Praxis sozialer Berufe, 2. Aufl., Heidelberg.

Strunk, Guido/Schiepek, Günter (2014): Therapeutisches Chaos. Eine Einführung in die Welt der Chaostheorie und der Komplexitätswissenschaften, Göttingen.

Teubert, Anja/Krucher, Daniel (2017): Das Fachkonzept Sozialraumorientierung als Basis einer wirkungsorientierten Kinder- und Jugendhilfe, in: Noack, Michael (Hrsg.): Empirie der Sozialraumorientierung, Weinheim, Basel, S. 98–200.

Thiersch, Hans (1986): Die Erfahrung der Wirklichkeit. Perspektiven einer alltagsorientierten Sozialpädagogik, Weinheim.

Weber, Joachim (2005): Mäeutisch statt klinisch. Plädoyer für eine nicht-klinische Sozialarbeit, in: Widersprüche 98, S. 75–91.

Wehling, Peter (2006): Im Schatten des Wissens? Perspektiven der Soziologie des Nichtwissens, Konstanz.

Weinberg, Ulrich (2015): Network Thinking, Hamburg.

Wright, Michael T./Unger, Hella von/Block, Martina (2010): Partizipation der Zielgruppe in der Gesundheitsförderung und Prävention, in: Wright, Michael T. (Hrsg.): Partizipative Qualitätsentwicklung in der Gesundheitsförderung und Prävention, Bern, S. 35–52.

Zum Weiterlesen:

Berufliche Realität im Jugendamt: der ASD in strukturellen Zwängen
Von Kathinka Beckmann, Thora Ehlting und Sophie Klaes
2018, 2. Aufl., 164 Seiten, 19,80 €, für Mitglieder des Deutschen Vereins 15,80 €
ISBN 978-3-7841-3097-2

Wie ist der Jugendhilfe zu helfen?
Vorschläge von Harald Tornow
2015, 64 Seiten, 7,50 €, für Mitglieder des Deutschen Vereins 6,50 €
ISBN 978-3-7841-2834-4

Personalentwicklung im Allgemeinen Sozialen Dienst (ASD)
Konzeptionelle Herangehensweisen und Arbeitshilfen
Von Hildegard Pamme und Joachim Merchel
2014, 280 Seiten, 25,90 €, für Mitglieder des Deutschen Vereins 19,80 €
ISBN 978-3-7841-2567-1

Sozialraumorientierung – Fachkonzept oder Sparprogramm?
Ein Beitrag von Oliver Fehren und Wolfgang Hinte
2013, 64 Seiten, 7,50 €, für Mitglieder des Deutschen Vereins 6,50 €
ISBN 978-3-7841-2404-9

Sicherheit von Kindern und Partizipation der Beteiligten: Erfahrungen mit dem Signs of Safety-Ansatz im ASD Wilhelmsburg
Von Milena Robbers
In: NDV 2020, S. 481–485

Kinderschutz: Kontrolle oder Hilfe zur Veränderung?
Ein systemischer Ansatz von Marie-Luise Conen
2014, 64 Seiten, 7,50 €, für Mitglieder des Deutschen Vereins 6,50 €
ISBN 978-3-7841-2556-5

Bestellen Sie beim Lambertus-Verlag, Postfach 1026, 79010 Freiburg, Tel. 0761/36825-0, Fax 0761/36825-33, E-Mail: info@lambertus.de

oder versandkostenfrei in unseren Online-Buchshops:
www.verlag.deutscher-verein.de
www.lambertus.de